D1869335

Kurt Kauter
Unterm Weltenbaum

Kurt Kauter

Unterm Weltenbaum

Indianermärchen aus Venezuela

Der Kinderbuchverlag Berlin

Illustrationen Gruppe △: Jutta de Maizière,
Michael de Maizière,
Olaf Nehmzow

ISBN 3-358-00284-5

Liebe Kinder!

Dieses Buch enthält indianische Volksmärchen aus Venezuela, einem Land, elfmal so groß wie die DDR, das im Norden des südamerikanischen Kontinents liegt. Fast dreitausend Kilometer lang ist die Küste, mit der es an das Karibische Meer grenzt.

Als die Spanier, kurze Zeit nachdem Kolumbus Amerika entdeckt hatte, nach Venezuela vordrangen, war es ausschließlich von Indianern bevölkert. Sie lebten über das weite Land verstreut in zahllosen Stämmen mit verschiedenen Sprachen und verschiedenartigen Bräuchen.

Unter der jahrhundertelangen spanischen Zwangsherrschaft starben viele der Indianervölker aus. Heute gibt es im Land noch etwa vierzig Stämme. Der Anteil der Indianer an der Gesamtbevölkerung beträgt nur noch zwei auf hundert. Sie bewohnen vorwiegend die unwirtlichen und schwer zugänglichen Gebiete Venezuelas – die Bergregionen unterhalb der schneebedeckten Anden, die wüstenhafte Halbinsel Guajira im Nordwesten, Randgebiete der großen zentralen Ebenen, der Llanos, die fast undurchdringlichen Regenwaldgebiete und die Große Savanne. Der überwiegende Teil von ihnen ist in den letzten Jahrzehnten seßhaft geworden, nachdem sie zuvor als Jäger und Sammler die Wälder durchzogen oder als Fischer die Flüsse, vor allem den Orinoko, befahren hatten.

In den Märchen und Mythen ist vieles von der ursprünglichen Weltsicht dieser, auch der untergegangenen Indianervölker überliefert. Ihr Leben verlief zwischen gewaltigen Gebirgen und Vulkanen, riesigen Strömen und dem Meer, dessen jenseitige Küsten so im Verborgenen lagen wie die Ursachen von Krankheiten oder die Herkunft der Gestirne. Mit Phantasie und Klugheit bemühten sich die Märchenerfinder und -erzähler, die Geheimnisse der Natur zu ergründen, Eigenarten der Menschen und ihres Verhaltens zueinander zu erklären. Eine große geistige Regsamkeit drückt sich in diesen Deutungen aus, die bis heute im Denken und Fühlen der indianischen Menschen tief verwurzelt sind.

Da viele der Indianervölker unter ähnlichen klimatischen und geographischen Bedingungen leben, darf es nicht wundernehmen, wenn in ihren Märchen und Sagen manchmal die gleichen Personen auftreten, deren Handlungsweise allerdings unterschiedlich motiviert wird. Auch das Geschehen wiederholt oder überschneidet sich gelegentlich. Das gilt beispielsweise für die Erfindung des Feuers, das für die Entwicklung jedes einzelnen Stammes von außerordentlicher Bedeutung war, oder für die gleitenden Übergänge zwischen Menschen und Tieren, die nach Ansicht der Indianer in jener Frühzeit einheitliche Wesen waren, auch für den Weltenbaum, das Symbol unerschöpflicher Fruchtbarkeit.

Die hier niedergeschriebenen Märchen hörte ich bei den Völkern, denen ich 1977 auf meiner Reise durch Venezuela begegnete. Sie sind nach Stämmen und deren Wohnplätzen geordnet: Taurepanes und Arekuná leben in der Großen Savanne, Yekuana und Piapoco am oberen Orinoko und seinen Nebenflüssen, Kariña am unteren Orinoko, Warao im Orinokodelta und Guajiro auf der Halbinsel Guajira. Keiner dieser Stämme verfügt über eine eigene Schrift; die Aussprache der Namen war bei den Erzählern verschieden.

Wissenschaftler vom Völkerkundeinstitut der Universität in Caracas halfen mir, eine einheitliche Schreibweise zu finden.

Nachdem die Indianer lange Zeit gröblich vernachlässigt worden waren, bemüht sich die Regierung in der Hauptstadt Caracas heute, ihr Gedankengut und ihre Sprachen zu pflegen und zu erhalten. Maestros, Lehrer, aus den einzelnen Völkern wurden beauftragt, die Jugend zu unterrichten. Sie erzählen in ihrer Stammessprache vom Leben in den vergangenen Zeiten, sie tragen den Kindern die Märchen vor und wecken in ihnen den Stolz auf ihre indianische Herkunft und die Geschichte ihres Stammes. Uns erlauben diese Märchen, einen Blick in das Herz jener Völker zu tun, zu sehen, wie ihre Gedanken und ihr Empfinden geworden sind.

Euer
Kurt Kauter

Der Weltenbaum

In den Zeiten, als alles zu werden begann, was heute ist, lebten im Süden der Großen Savanne, am Fuß des mächtigen Berges Roraima, der die Hochebene um mehr als tausend Meter überragt, schon die Taurepanes. Sie bevölkern diese Gegend heute noch. Früher waren sie Jäger und Fischer. Inzwischen sind sie tüchtige Ackerbauern geworden, die in modernen Siedlungen wohnen. Ihre Kinder besuchen Schulen, in denen Lehrer aus ihrem Volk sie in ihrer eigenen Sprache unterrichten. Sie erzählen ihnen das Märchen von der Entstehung der Dinge und dem Beginn der Welt.

In jener sehr fernen Zeit lebten fünf Brüder. Makunaima, der jüngste von ihnen, war zugleich der listigste, aber auch der erfolgreichste, Schöpfer aller Jagdtiere. Doch bevor es dazu kam, litten die Brüder große Not.

Einmal fiel Makunaima auf, daß Akulí, das Nagetier, das damals noch ein Mensch war, im Gegensatz zu den anderen allabendlich satt nach Hause kam. Als Akulí schlief, schlich er sich herzu und hob dem Nager die Lippe hoch, um nachzusehen, was er zwischen den Zähnen hatte. Und siehe da, Akulí hatte Bananen gespeist. Da es aber weit und breit keine Bananen gab, hegte Makunaima den Verdacht, Akulí hätte den Weltenbaum entdeckt, an dem alle guten Früchte der Erde wuchsen: Bananen, Mamao, Acajú, Orangen und andere.

Als das Nagetier am nächsten Tag fortging, beauftragte Makunaima seinen Bruder Manapí, ihm heimlich zu folgen. Das tat er, und so fanden auch die Brüder den Weltenbaum. Sie machten sich auf den Weg dorthin, um sich satt zu essen.

Die Früchte aber hingen so hoch an dem riesigen Baum, dessen Wipfel bis in den Himmel ragte, daß sie sie nicht erreichen konnten. Darum nahmen sie mit dem herabgefallenen Obst vorlieb, das rings um den Stamm auf dem Erdboden verstreut lag. Aber Manapí riet, den Baum einfach umzuschlagen, um in den Besitz der besseren Früchte zu kommen. Akulí, der alles vorausbedachte, widersprach und warnte vor der großen Flut, die dann aus dem Stamm hervortreten werde.

Trotz aller Vorhaltungen hieb Manapí mit der Axt drauflos. Doch die Schneide drang nicht in das Holz ein. So hart war es. Vor dem nächsten Hieb besprach Manapí den Baum. Er sagte: „Werde weich wie der Mamaobaum!“ Da gab das Holz nach, und die Axt drang ein.

Umsonst warnte Akulí, der Kluge, noch einmal vor dem großen Wasser. Er verstopfte schnell die von Manapí geschlagenen Löcher mit Fruchtschalen und Bienenwachs. Doch es nützte nichts. Vor jedem weiteren Schlag rief jener: „Werde weich wie der Mamaobaum!“, und die Axt drang immer tiefer ein.

Mit Donnergetöse, das die ganze Erde erschütterte, sank dann der Weltenbaum um. Er fiel nach Norden. Deshalb gibt es in den nördlichen Wäldern viele gute Früchte, während sich im Süden eine unfruchtbare Ebene ausbreitet. Die Äste und Zweige legten sich über den Orinokofluß, und es bildeten sich viele Stromschnellen und Wasserfälle. Der Stumpf des Weltenbaums blieb stehen. Es ist der Roraima, jener mächtige

Berg mit den nahezu senkrecht abfallenden Hängen, der die Ebene himmelhoch überragt.

Als der Baum stürzte, trat aus seinem Stamm, wie Akulí es vorausgesagt hatte, so viel Wasser hervor, daß das weite Land überschwemmt wurde und fast alle Menschen jämmerlich ertranken. Das war sehr schlimm. Aber mit den Fluten kamen auch viele Fische. Sie bevölkern, seit das Wasser wieder gefallen ist, den Orinoko, den breiten Strom, und seine Nebenflüsse.

Der Jaguar und der Regen

In einem Gemeinschaftshaus der Taurepanes hatten die Bewohner einstmals ein so großes Feuer entfacht, daß es vor Qualm drinnen nicht mehr auszuhalten war. Fluchtartig verließen sie den Raum und schlugen für die Nacht ihr Lager im Freien auf. Sie knüpften ihre Hängematten an die Bäume. Der Jaguar umschlich sie beutegierig in weiten Kreisen und traf dabei auf den Regen.

„Was machst du da, Schwager?“ fragte der Regen.

„Och“, antwortete der Jaguar, „ich will die Leute das Fürchten lehren. Ich werde ihnen solche Angst einjagen, daß sie in ihr Haus zurück gehen.“

„Sie fürchten sich doch nicht vor dir!“ neckte ihn der Regen.

„Du sollst es erleben!“ rief der Jaguar. „Ich will um sie herumschleichen und singen. Geh du zu ihnen hin und höre, was sie sagen!“

Und der Jaguar sang: „Hö-hö-hö.“

Da sprach einer von den Männern: „Dort läuft das Fell für meine neue Jagdtasche.“

Die anderen antworteten: „Du hast recht. Morgen machen wir dem Räuber mit unseren Pfeilen den Garaus.“

„Nun, was haben die Leute gesagt?“ fragte der Jaguar, als er wieder mit dem Regen zusammengetroffen war.

„Nichts. Nichts haben sie gesagt, Schwager“, gab der zur Antwort.

„Hahaha! Solche Angst haben sie vor mir, daß es ihnen die Sprache verschlägt!" Der Jaguar lachte. Doch der Regen dämpfte seinen Übermut und wiederholte ihm die Worte der Menschen.

„Sie laufen nicht vor dir weg, Schwager", schloß er. „Aber mich fürchten sie, wirst sehen! Warte, bis ich wiederkomme."

Der Regen ging, sich zu rüsten, und als er zurückkehrte, sagte er: „Nun höre du, Schwager, was die Leute über mich sagen!"

Alsbald wurde es dunkel, und ein starker Wind erhob sich.

„Es wird Regen geben!" riefen die Menschen.

Als der Regen näher kam, fielen Tropfen vom Himmel, zunächst sachte, dann immer stärker. Schnell banden die Leute ihre Hängematten los und rannten in das noch immer mit Qualm erfüllte Haus.

Der Jaguar war bis auf die Haut naß, als er den Regen wieder traf.

„Hast du es gesehen, Schwager?" fragte der Regen. „Sie haben Angst vor *mir*, nicht vor dir."

So ist es noch heute. Die Taurepanes fürchten sich vor dem Regen, aber nicht vor einem Jaguar.

Warum wir alt werden

Akalapischeima vom Stamm der Arekuná lauerte Tag für Tag am Fuß eines hohen Baumes, um die Kröte Waloma zu fangen, die in dessen Krone wohnte.

„Wenn du mich anrührst, werfe ich dich ins Wasser", warnte sie ihn. Aber der Mann gab nichts auf ihre Drohung. Er fing Waloma. Sie aber befreite sich, packte ihn und trug ihn zum Wasser. Sie tauchte ihn unter und warf ihn, als er ohnmächtig geworden war, auf eine Insel, fern vom Ufer. Danach verkroch sie sich wieder im Laub des Baumes.

Als Akalapischeima wieder zu sich kam, fror ihn entsetzlich; denn es war kalt geworden. Während er ohne Besinnung dalag, hatten Aasgeier ihn über und über mit Kot bedeckt. Er wollte die Insel verlassen, aber er konnte nicht schwimmen.

Da näherte sich ihm der Morgenstern.

„Nimm mich von hier fort", bat der Mann flehentlich. Aber der Stern antwortete: „Ich denke nicht daran, dir zu helfen. Du hast mir noch nie etwas gegeben, während du alle deine Maniokfladen der Sonne anbotest."

„Dann gib mir wenigstens etwas Wärme; es ist so kalt", bat der Arekuná. Aber der Morgenstern sagte: „Die Sonne mag dir helfen", und ging davon.

Bald kam der Mond daher. Auf Akalapischeimas Bitte entgegnete er ungerührt: „Du hast deine Maniokfladen einzig der Sonne angeboten. So halte dich in deiner Not auch an sie."

Endlich erschien Wei, die Sonne, ein starker Mann. Aber der Arekuná erkannte ihn nicht, weil noch keine Wärme von ihm ausging. Der Sonnenmann erbarmte sich Akalapischeimas, nahm ihn in sein Boot und ließ ihn von seinen Töchtern waschen und kleiden. Während er nun gesäubert und in neuem Gewand im Sonnenboot saß, schmückte sich Wei, der hinter ihm stand, mit seinem Kopfputz aus bunten Papageienfedern.

„Dreh dich um!" befahl er, setzte noch seinen Hut aus Silber auf und behängte seine Ohren mit glitzerndem Schmuck. Da erkannte der Arekuná die Sonne, jetzt entströmten ihr Wärme und Licht.

Weis Boot erhob sich aus der Flut und stieg zum Himmel empor. Die Töchter der Sonne und Akalapischeima saßen darin. Es wurde warm und immer wärmer. Akalapischeima begann unter der Glut zu leiden. Da gab ihm der Sonnenmann einen Umhang. Danach fühlte er die Hitze nicht mehr.

Unterwegs sagte Wei: „Ich möchte dich zum Schwiegersohn haben. Du sollst eine meiner Töchter heiraten. Aber laß dich nicht mit anderen Mädchen ein, während wir Freunden einen Besuch abstatten."

Sie hielten vor einem Haus. Der Sonnenmann trat mit seinen Töchtern ein. Akalapischeima wartete draußen. Da kamen ein paar junge Mädchen vorbei, die ihm überaus anmutig erschienen. Es waren die Töchter der Aasgeier. Als Wei und seine Töchter das Boot zur Weiterfahrt besteigen wollten, fanden sie den Arekuná umschwärmt von den Mädchen, mit denen er sehr verliebt tat.

„Hat dir unser Vater nicht gesagt, du solltest dich nicht in

andere Mädchen vergaffen?“ schalten die Töchter der Sonne. „Wo wärest du, wenn wir dich nicht von der Insel geholt, vor der Kälte bewahrt und von dem stinkenden Kot der Aasgeier befreit hätten? Und was das Schlimmste ist: Du verliebst dich in die Töchter derer, die dich mit Unrat bedeckten!“

Und Wei sprach: „Wenn du meinen Rat befolgt und eine meiner Töchter geheiratet hättest, wäre dir ewige Jugend beschieden gewesen. Nun aber bleibst du nur kurze Zeit jung und schön.“

Bald darauf gingen alle schlafen, ein jeder in ein besonderes Gemach. Auch Akalapischeima schlief allein.

Als er am Morgen erwachte, hatte Wei sich schon auf den Weg gemacht. Auch seine Töchter waren nicht mehr da. Die Sonne hatte sie ausgesandt, die Straße der Toten, wie die Milchstraße am Himmel heißt, zu beleuchten. Der Arekuná fand sich in der Gesellschaft von Aasgeiern wieder. Er war alt und häßlich geworden, heiratete eine von den Aasgeiertöchtern und gewöhnte sich mit der Zeit an dieses Leben.

Akalapischeima ist der Urvater der Arekuná. Seinetwegen bleiben wir nur eine kurze Zeit jung.

Imöjimaipu

Viele Jahre lang lebten die Arekuná in der Großen Savanne. Sie jagten gemeinsam an den Ufern des Flusses Caroní und führten ein einträgliches Leben. Das ärgerte Möjimöng, den bösen Geist der Wälder. Er nahm die Gestalt eines großen Adlers an und verfolgte die Menschen. Frühmorgens, wenn sie zur Jagd auszogen oder in den Pflanzungen arbeiten wollten, lauerte er ihnen auf, ergriff einen von ihnen und trug ihn auf den Gipfel eines nahe gelegenen Berges, wo er ihn verschlang. So geschah es immer wieder. Viele Menschen kamen auf diese Weise ums Leben. Der übrigen bemächtigte sich die Angst. Ständig überlegten sie, wie sie die Gefahr abwenden und den Adler überwältigen könnten. Aber alle ihre Versuche schlugen fehl.

Da verfiel einer von ihnen, Imöjimaipu, auf eine List: Am frühen Morgen setzte er sich auf einen Feldstein und begann seine Axt zu schleifen.

Der riesige Vogel hatte schon auf der Lauer gelegen. Er packte Imöjimaipu und entführte ihn auf den Berg, um ihn dort zu verspeisen.

Imöjimaipu aber stemmte seinen Axtstiel gegen den Fels, so daß es dem Adler nicht möglich war, sich niederzulassen. Er trug seine Beute weiter bis zum nächsten Gipfel, dort aber widerfuhr ihm ein Gleiches, und so ging es weiter, bis er zu einem weniger hohen Berg flog, von dem aus Imöjimaipu leicht die Ebene und sein Dorf erreichen konnte.

Der Adler legte den Menschen auf den Boden, putzte sein Gefieder und bereitete sich darauf vor, seinen Fang zu verspeisen.

In diesem Augenblick sprang Imöjimaipu auf, schwang seine Axt und zerschmetterte dem Vogel einen Flügel. Mit einem zweiten Hieb tötete er den Adler. Dann kehrte er zu seinen Stammesgenossen zurück, die ihn mit Jubel empfingen; denn nun konnten sie wieder friedlich und frei von Furcht leben.

Der überlistete Kuruphira

Den Arekuná-Indianern, die im Gebiet des oberen Orinoko wohnten, machte ein böser Waldgeist das Leben schwer. Es war Kuruphira, der ihnen nachstellte, sie bei der Jagd in die Irre führte, sie überfiel und tötete. Ein Jäger dieses Stammes wurde auf dem Nachhauseweg vom Einbruch der Nacht überrascht. Er legte seine Beute, einen großen schwarzen Brüllaffen, beiseite und baute sich schnell eine Hütte, in die er sich mit seiner Last zurückzog.

In der Nacht erwachte er, aufgeschreckt von einem lauten, langgezogenen Pfiff. Das könnte Kuruphira sein, durchzuckte es ihn. Er verhielt sich still und lauschte in die nur matt vom Mondlicht erhellte Dunkelheit. Da hörte er Schritte, die sich näherten. Es war tatsächlich Kuruphira. Er blieb vor der Hütte stehen und fragte mehrmals, wer drinnen sei. Zuerst schwieg der Jäger; dann aber gab er doch Antwort.

„Was treibst du zu dieser Stunde in meinem Wald?" fragte der böse Waldgeist.

„Ich war auf der Jagd und habe vor Einbruch der Dunkelheit mein Dorf nicht mehr erreicht."

„Wenn dem so ist", antwortete der Geist, „dann komm heraus! Ich führe dich nach Hause."

Aber der Mann durchschaute die List; er blieb, wo er war, und sagte: „Ich will lieber hier schlafen."

Kuruphira knurrte und ging weiter. Nach ein paar Schritten hielt er an und rief: „Ach, ich habe so großen Hunger. Kannst du mir nicht ein Stück von deinem Arm geben?“

„Wenn's weiter nichts ist“, erwiderte der Jäger, schnitt dem toten Affen einen Unterarm ab und warf ihn hinaus. Der Unhold fraß ihn unverzüglich auf; voll Entsetzen hörte der Mann in der Hütte die Knochen krachen.

Nach einer Weile fragte Kuruphira erneut: „Könntest du mir nicht noch ein Stück von deinem Bein geben?“

„Warum denn nicht“, antwortete der Jäger und warf dem Waldgeist einen Unterschenkel des Affen zum Fraß hin.

So ging es eine Zeitlang weiter. Kuruphira forderte nach und nach ein zweites Bein, den anderen Arm, die Eingeweide, die Leber und das Herz. Der Jäger warf ihm jedesmal das Gewünschte zu. Auf diese Weise hielt er das Ungeheuer hin, bis der Morgen graute.

Doch plötzlich polterte der Waldgeist los: „Wie kommt denn das? Ich habe deine Arme und Beine, die Eingeweide, die Leber und das Herz gefressen, und du lebst immer noch? Willst du mir nicht auch noch deine Zunge geben?“

„Kannst sie haben“, antwortete der Mann und warf ihm die Affenzunge zu. Als der Unhold ihn abermals ansprach und als er wiederum Antwort erhielt, wurde Kuruphira wild.

„Ich habe deine Zunge gefressen, und du kannst noch reden? Du hast mich schändlich betrogen!“

Überraschend stürzte der Jäger aus seiner Hütte heraus auf Kuruphira zu; aber der besann sich nicht lange und rannte seinerseits gegen den Mann an, um ihm den Garaus zu machen. Der Jäger wich zur Seite und stellte ihm ein Bein, daß er hinfiel und nicht mehr aufstehen konnte. Er hatte nämlich keine Kniegelenke, und seine Beine waren steif. So wurde Kuruphira des Jägers Beute.

Stolz erzählte er in seinem Dorf: „Ich habe Kuruphira getötet!"

Da zogen viele Leute mit ihm hinaus und wollten das Ungeheuer betrachten. Als sie aber an der Kampfstelle anlangten, fanden sie dort nur einen toten Hirsch. Die Leute lachten den Jäger aus und glaubten ihm kein Wort mehr. Den Hirsch nahmen sie mit ins Dorf und veranstalteten einen Festschmaus. Alle Warnungen des mutigen Mannes schlugen sie in den Wind; sie brieten das Fleisch und taten sich daran gütlich. Nur der Jäger aß keinen Bissen.

So kam es, daß er als einziger verschont blieb, während alle anderen von Krämpfen und heftigen Leibschmerzen befallen wurden. Nur mit Mühe gelang es dem Medizinmann des Stammes, sie wieder gesund zu machen.

Wie der Mond zum Mond wurde

In einer einsamen Gegend, in einem einsam stehenden Haus lebten einst zwei Brüder mit ihrer Schwester. Der jüngere von ihnen verliebte sich in sie. Er näherte sich ihr allnächtlich und legte sich zu ihr in die Hängematte. Der ältere Bruder fragte ihn eines Tages, was das in der Nacht immer für ein Flüstern sei. Da antwortete der jüngere: „Ich weiß davon nichts."

Eines Tages bemerkte das Mädchen, daß es ein Kind bekommen sollte.

Da sagte der ältere Bruder: „Das geht nicht mit rechten Dingen zu, da du doch nie Besuch empfängst. Oder hat das vielleicht etwas mit jenem Flüstern in den Nächten zu tun?"

Das Mädchen zögerte lange Zeit mit der Antwort, bis es dem Bruder schließlich gestand: „Ja, es kommt des Nachts ein Mann zu mir."

„Wer ist es?"

„Das weiß ich nicht. Ich habe ihn nie gesehen."

Da schlug ihr der Bruder vor, Uruku – rote Farbe – anzurühren und sie dem heimlichen Besucher ins Gesicht zu schmieren. Das tat sie in der nächsten Nacht, und der jüngere Bruder merkte es nicht. Am Morgen fuhr er frühzeitig auf den Fluß hinaus, um zu fischen. Als er sein Spiegelbild im Wasser erblickte, erkannte er, daß er gezeichnet war. Voller Scham hielt er sich den Tag über von der Hütte fern. Erst

spät am Abend kehrte er nach Hause zurück. Da schalt ihn der ältere gehörig aus.

Tags darauf sang der jüngere Bruder. Er sang und sang, ging dabei hin und her und fand keine Ruhe. Unentschlossen blieb er bald hier, bald dort stehen, trat mehrmals vor die Hütte und kam wieder herein. Dann begann er so viele Bambusstangen zusammenzubinden, daß sie bis zum Himmel reichten.

„Ich will nicht länger hierbleiben", sagte er und forderte seine Schwester auf, ihm zu folgen.

Die beiden kletterten die Stangen hinauf, bis sie im Himmel anlangten. Da machte der Bruder dem Mädchen heftige Vorwürfe, daß sie ihn verraten habe. Er geriet bei seinen eigenen Worten immer mehr in Zorn. Schließlich konnte er sich nicht mehr beherrschen und stieß die Schwester ins Leere. Wie eine Sternschnuppe flog sie zur Erde zurück; und als sie dort aufprallte, verwandelte sie sich in einen Tapir.

Der jüngere Bruder aber blieb oben am Himmel und wurde zum Mond. Man kann die Flecken in seinem Gesicht heute noch sehen.

Die alte und die neue Sonne

Vor undenklichen Zeiten war die Sonne ein starker Mann von dunkler Hautfarbe. Er war den Menschen feindlich gesinnt und hatte sich vorgenommen, sie zu vernichten.

Alltäglich erhob sich der Sonnenmann im Osten und setzte sich eine Krone aus vielen glühendroten Ararafedern auf den Kopf. Da wurde es Tag, und er begann seine Jagd auf die Menschen. Hatte er einen von ihnen erlegt, bereitete er das Fleisch zu, briet es und verzehrte es.

Als die Not immer größer wurde, sannen die Indianer auf Abhilfe. Sie beschlossen, dem Sonnenmann den Garaus zu machen. Aber das war nicht ungefährlich; denn er war stark und mächtig.

Da verfiel einer von ihnen auf eine List. Er kletterte in den Wipfel einer Palme, als ob er die dort in großen Trauben hängenden Früchte ernten wollte. Die Sonne entdeckte ihn und rief: „Komm herunter! Ich will dich töten.“

Der Mann in der Palme zeigte sich von diesen Worten nicht sonderlich beeindruckt.

„Laß mich erst noch diese Traube abschneiden“, sagte er, „dann steige ich hinab.“

Die Sonne wartete geduldig unter dem Baum. Der Mann riß nun eine riesige Fruchttraube ab und rief: „Fang sie auf!“

Und als die Sonne daraufhin dicht neben den Stamm der Palme trat, warf er ihr die schwere Last mit solcher Wucht

auf den Kopf, daß sie bis über den Scheitel im Erdreich versank. Im Augenblick wurde es Nacht.

Eine lange Zeit blieb es dunkel. Die Menschen litten Mangel; denn nun konnten sie nicht mehr jagen und keine Fische mehr fangen, weil sie nichts sahen.

Auch die fünf Söhne der Sonne kamen in der Dunkelheit nicht zurecht. Sie wußten, ihr Vater war tot. Aber wo war sein Strahlenkranz geblieben? Tastend irrten sie durch die Finsternis, ihn zu suchen. Nach langem vergeblichem Bemühen endlich fanden sie ihn.

Der älteste Sohn setzte sich die Krone auf den Kopf. Da wurde es wieder hell. Aber er hielt den glühenden Glanz nicht lange aus. Der zweite Sohn versuchte es, ebenso der dritte und der vierte, doch keiner von ihnen vermochte die leuchtende Federkrone längere Zeit zu tragen.

Zum Schluß nahm der jüngste sie auf. Er hielt es aus. Seitdem leuchtet wieder die Sonne. Aber es ist eine andere als die erste, eine gütige Sonne, die nun täglich ihre Bahn wandelt, eine, die keine Menschen mehr frißt.

Der Blitz

Indianer waren auf der Jagd und entdeckten unterwegs in einem hohlen Baum ein Bündel Blitze, die sich dort versammelt hatten. Es war eine ganze Familie, bis auf den Großvater, der des Regens wegen im Himmel geblieben war. Die Jäger machten vor dem Baumloch ein Feuer und verbrannten darin Pfeffer, um die Blitze auszuräuchern. Tatsächlich torkelten sie auch bald darauf betäubt ins Freie. Da wurden sie alle erschlagen, bis auf einen kleinen Jungen.

Der Knabe, der mit dem Leben davongekommen war, besaß ein Stück jener roten Erde, aus der man Uruku macht. Er zerrieb sie, mischte sie mit Fett und malte sich an den Seiten seines Körpers, von den Achselhöhlen abwärts bis zu den Hüften, je einen breiten roten Strich. Dann schlug er die Ellenbogen an.

Da ward ein leichtes Donnern vernehmbar, und es regnete auch ein bißchen.

Eines Tages war der Knabe auffallend ruhig und traurig. Er schlich trübsinnig umher, legte sich schließlich in die Hängematte und blies auf seiner Flöte ein wehmütiges Lied.

„Warum bist du so betrübt?“ fragten ihn die Leute.

„Ich sehne mich nach meinem Großvater, der oben im Himmel ist. Vielleicht ist er schon gestorben, weil es so lange nicht mehr geregnet hat.“

Als alle Leute zur Arbeit gegangen waren, fing sich der Knabe ein Meerschweinchen, tötete es und entnahm ihm das Gehirn. Das vermischte er mit Urukuerde. Die so entstandene Farbe schmierte er sich in die Haare. Dann schlug er wieder die Ellenbogen heftig an den Körper. Da erfolgte ein so gewaltiger Blitz, daß ein Baum, der danebenstand, mittendurch gespalten wurde.

Der Knabe aber stieg zum Himmel empor und fand dort seinen Großvater, der fast verschmachtet war. Er gab ihm zu essen und zu trinken und sorgte so dafür, daß es wieder regnen konnte, wie in früheren Zeiten.

Weshalb der Fischotter einen Ruderschwanz hat

Die Bewohner der Wälder zwischen dem oberen Orinoko und dem Amazonasstrom erzählen die folgende Geschichte:

In den frühesten Zeiten waren alle Tiere, auch der Fischotter, der Tapir und das Wasserschwein, Menschen. Der Waldgeist Kumaphari herrschte über sie. Sie mußten für ihn Früchte sammeln und Vögel jagen, damit er immer genügend zu essen hatte.

Eines Tages gelüstete ihn nach Fischen, und er befahl dem Fischotter, welche zu fangen. Das verdroß den Otter, wie auch alle anderen Dorfbewohner es satt hatten, sich für den gefräßigen Waldgeist abzurackern.

Doch keiner ließ sich seinen Unwillen anmerken. Auch der Fischotter brummte nur vor sich hin, ging zum Fluß und sprang ins Wasser.

Dennoch wußte Kumaphari von dem Unmut der Leute; auch hatte er das Brummen des Otters vernommen. Er beschloß, ihn dafür zu bestrafen. Als jener aus dem Wasser auftauchte, war er schon kein Mensch mehr, sondern ein Tier. Auch alle anderen verloren ihre menschliche Gestalt, sie wurden in Tiere verwandelt und verliefen sich in die Wälder.

Wie Kumaphari nun durch das Dorf ging, um sich wie immer Früchte und Vögel zu holen, waren die Hütten leer. Er blies in die Asche der Feuerstellen, doch nirgends fand er ein Fünkchen Glut.

Da ging es dem Waldgeist schlecht, weil er nichts zu essen bekam. Auf dem Rückweg kehrte er bei dem Fischotter ein und forderte gebratenen Fisch von ihm. Der Otter kannte einige Zauberkunststücke. Er gaukelte dem Hungrigen vor, es brenne Feuer auf dem Herd und gebackene Fische brutzelten in der Pfanne. Dazu bewirtete er Kumaphari mit Kaschiri, einem berauschenden Getränk, und als der Geist genügend getrunken hatte, griff er gierig nach den duftenden Fischen und tat sich daran gütlich. Es waren in Wirklichkeit aber nur Bananen, die er aß.

Als Kumaphari satt war, fragte ihn der Otter, ob es ihm geschmeckt hätte.

„Selten habe ich ein so köstliches Mahl genossen", antwortete der Waldgeist.

Da löste der Otter den Zauberbann, und Kumaphari erkannte, daß er getäuscht worden war. Wütend sprang er auf und wollte den Fischotter packen. Aber der entwischte ihm und sprang ins Wasser.

In seiner Wut ergriff der Verfolger ein Ruder, das dort lag, und warf es dem Fliehenden nach. Dabei blieb das Ruderblatt an dessen Körper hängen. Seitdem hat der Fischotter einen Ruderschwanz.

Tumaja, der Herr des Jagdwildes

Tumaja, der über alles Jagdwild außer den Wildschweinen und Jaguaren herrschte, war den Menschen wohlgesinnt. In einem Dorf inmitten des Urwalds am Amazonasstrom lebte einmal ein junger Mann, der sah so häßlich aus, daß alle Mädchen vor ihm davonliefen und ihn obendrein noch verspotteten.

Als er eines Tages zur Jagd in den Wald ging, begegnete ihm Tumaja. Der Waldgeist fragte ihn, warum er so verdrießlich dreinschaue.

Da klagte ihm der junge Mann mit bitteren Worten sein Leid: Er wolle gern heiraten, aber sein häßliches Äußere stoße die Mädchen ab und mache ihn obendrein zum Gespött im ganzen Dorf.

Tumaja empfand Mitleid und sagte: „Komm mit in mein Haus! Ich habe eine Tochter, die nicht auf äußere Schönheit schaut."

Die Tochter des Herrn aller jagdbaren Tiere gefiel dem jungen Mann, und er wollte sie zur Frau nehmen. Aber auch sie fühlte sich abgestoßen durch seinen Anblick und mochte nicht mit ihm gehen.

Als sie ihrem Vater davon erzählte, führte Tumaja den Bedauernswerten an den nahe gelegenen Fluß. Dort knetete er ihn zurecht und rieb ihn ordentlich mit Sand ab. Da wurde er wohlgestalt und glatthäutig. Nun fand auch die Tochter an ihm Gefallen und heiratete ihn.

Als sie eine Weile in Tumajas Haus gelebt hatten, befiel den Mann Sehnsucht nach seiner Familie. Seine Frau schickte ihn mit guten Wünschen zu den Seinen. Die Mädchen im Dorf bestaunten den überaus schönen Jüngling. Sie erkannten ihn nicht wieder.

Auch seiner Mutter mußte er erst sagen, wer er war. Er erzählte ihr sein Erlebnis mit Tumaja, erwähnte aber mit keinem Wort seine Frau.

Tumajas Tochter jedoch kam jede Nacht zu ihm. Sie unterhielten sich lange, und sie schlief bei ihm. Wenn der Morgen graute, verschwand sie unauffällig, wie sie gekommen war. Der Mutter fiel das auf. Sie stellte den Sohn zur Rede.

„Wer ist das, der dich allnächtlich besucht, mit dir redet und bis zum frühen Morgen bei dir verweilt?"

„Es ist meine Frau", antwortete der junge Mann und erzählte ihr alles, sagte aber dazu: Niemand, außer ihm selbst, dürfe sie sehen. Das machte die Mutter besonders neugierig. Sie setzte dem Sohn so lange zu, bis er die Frau veranlaßte, auch tagsüber bei ihm zu bleiben. Aber die Mutter war enttäuscht. Sie fand ihre Schwiegertochter nicht sonderlich hübsch. Es kam keine Herzlichkeit auf zwischen ihnen.

Das übertrug sich auch auf das Kind, das die beiden jungen Leute hatten. Es nahm nur des Nachts Menschengestalt an. Tagsüber war es ein Vogel, den sie Perico nannten.

Einmal wollten die Eltern zusammen in den Wald gehen, um Früchte zu sammeln. Perico ließen sie zu Hause zurück und unterwiesen die Großmutter: „Wenn er Hunger hat, gib ihm etwas Bananenbrei!"

Als der Kleine im Lauf des Tages jedoch nach Nahrung verlangte, fütterte ihn die Großmutter nicht, sondern schlug und schalt ihn.

Tumajas Tochter wurde zornig, wie sie davon hörte. Sie nahm den Kleinen auf den Arm, verließ die Hütte und kehrte zu ihrem Vater zurück. Ihr Mann wollte ihr folgen; aber er fand den Weg von undurchdringlichem Dornengestrüpp versperrt. Da kehrte er um, ging wieder zu seiner Mutter und blieb bei ihr bis an sein Lebensende.

Das Ende des bösen Kariurí

Neben Tumaja, dem Herrn des jagdbaren Wildes, der es gut mit den Menschen meinte und den Unglücklichen half, hauste in den Wäldern aber auch Kariurí, der auf ihr Verderben sann. Einst nahm er unerkannt an einem ihrer Feste teil. Die Reden einiger Betrunkener brachten ihn auf, und er beschloß, die Dorfbewohner auszurotten.

Von nun an war niemand mehr seines Lebens sicher. Ob beim Fischfang oder bei der Jagd, der böse Waldgeist überfiel die Leute und tötete sie. Kaum eine Familie blieb von Leid verschont. Endlich beschlossen die Überlebenden, den Ort zu verlassen und sich anderswo anzusiedeln. Nur eine Witwe blieb mit ihrem Söhnchen zurück. Ihren Mann wie auch alle Verwandten hatte Kariurí getötet.

„Mag kommen, was will", sagte die Frau, als die anderen mit ihrer Habe fortzogen. Fortan führten sie ein freudloses Leben in dem verlassenen Dorf.

Eines Tages hörten sie, wie jemand singend des Weges daherkam. Dann unterbrach er seinen Gesang und begann auf einem Grashalm zu blasen. Das war Kariurí; aber er hatte die Gestalt eines der Stammesangehörigen angenommen. Er trat zu der Frau und sagte: „Warum lebt ihr beiden hier allein?"

Da erzählte sie ihm mit bitteren Worten von den Freveltaten Kariurís an ihrer Familie und ihren Nachbarn. Der böse

Waldgeist lachte boshaft in sich hinein. Wartet nur, dachte er, auch euch werde ich verderben!

Er folgte der Spur der Fortgezogenen und tötete wiederum einen von ihnen. Den Toten verwandelte er in ein Wasserschwein, das brachte er der Frau und ihrem Sohn, damit sie es braten und essen sollten. Aber den beiden kam die Sache nicht recht geheuer vor, und sie unterdrückten ihren Hunger.

Als die Frau zum Baden an den Fluß gegangen war, forderte der Geist den Jungen auf: „Schau doch einmal nach, was in meinem Zahn steckt, daß er so scheußlich weh tut", und öffnete weit den Mund.

Da sah der Junge voller Entsetzen Menschenhaare zwischen den Zähnen.

Als die Mutter heimkam, erzählte er ihr von seiner furchtbaren Entdeckung.

„Das kann nur Kariurí sein, der böse Geist des Waldes, der uns alle umbringen will", sagte die Frau. „Wir müssen ihm sein schauerliches Handwerk legen, bevor ihm noch weitere Menschen zum Opfer fallen."

Die Mutter braute Kaschiri, ein berauschendes Getränk, dem sie giftigen Manioksaft beimengte. Der Junge unterwies indessen seinen Papagei, was er dem Geist auf dessen Fragen antworten sollte.

Kariurí hatte sich vorgenommen, die beiden noch an diesem Tag in seine Gewalt zu bringen. Er hatte abermals einen der Dorfbewohner getötet. Den brachte er wieder, in ein Wasserschwein verwandelt, mit.

Als Mutter und Sohn den Unhold kommen hörten, versteckten sie sich unter einem großen irdenen Gefäß, in dem sie sonst Wasser aufbewahrten. Kariurí trat vor die Hütte und warf seine Beute krachend auf den Boden. Dann fragte er den Papagei: „Wo ist die Frau?“

„Sie ist in die Pflanzung gegangen, Bananen zu holen. Zuvor aber hat sie dir Kaschiri gemacht, damit du etwas zu trinken hast“, antwortete der Papagei.

Der Böse füllte eine Schale mit dem Getränk und schlürfte sie schmatzend aus. Dann verließ er die Hütte, um die Frau in der Pflanzung zu suchen. Als er sie nicht fand, kehrte er zurück und fragte den Vogel: „Wo mag die Frau nur sein? Ich habe sie nicht entdecken können.“

„Die Pflanzung ist groß. Sicherlich hast du nicht überall gesucht. Warte hier, bis sie zurückkehrt, und trink indessen noch etwas Kaschiri!“ gab der Papagei zur Antwort.

Da füllte Kariurí die Schale zum zweitenmal und trank sie gierig aus. Erneut machte er sich auf die Suche. Aber er war nun schon trunken, taumelte umher und brüllte wie ein Jaguar, der seiner Sinne nicht mächtig ist. Als er abermals erfolglos wiederkam, fuhr er den Vogel an: „Miststück, warum hast du mich belogen? Die Frau ist gar nicht in der Pflanzung. Gestehe, wo sie sich befindet, sonst drehe ich dir den Hals um!“

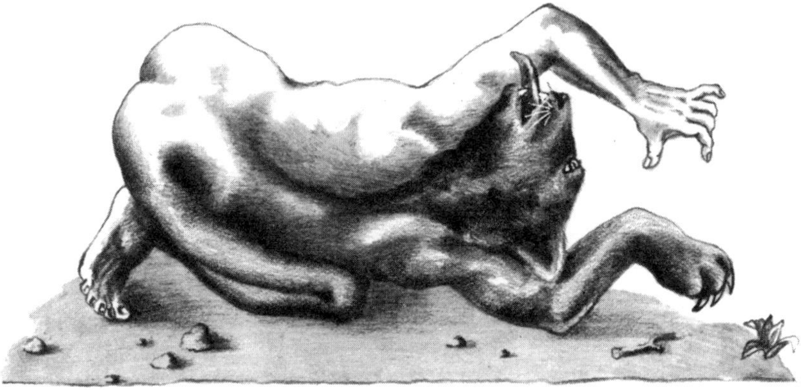

Der Papagei aber bestand darauf, die Wahrheit gesagt zu haben.

„Trink noch etwas“, fügte er hinzu. „Das schärft die Sinne und wird dir helfen, sie zu finden.“

Abermals schlürfte der Unhold eine Schale des giftigen Trankes aus und wankte noch einmal hinaus. Als er diesmal wiederkehrte, hatte er die Gestalt eines schwarzen Jaguars angenommen. Er wälzte sich auf dem Boden; denn das Gift in seinem Leib wirkte bereits. In schrecklichen Qualen wand er sich und blickte zu dem Papagei empor, der sich auf dem Dachbalken in Sicherheit gebracht hatte.

„Komm herunter!“ schrie er. „Komm sofort herunter, damit ich dich fressen kann. Du hast mich vergiftet.“

Aber der Vogel lachte nur. Da starb das Ungeheuer.

Der Papagei kletterte, nachdem es sich längere Zeit nicht geregt hatte, zögernd von dem Balken herab und biß es in die Lippen, dann in die Ohren, um festzustellen, ob es auch wirklich tot sei. Als er sich davon überzeugt hatte, rief er die Mutter und den Sohn. Sie krochen unter dem Gefäß hervor, traten zu Kariurí und wandten sich dann voll Verachtung ab. Mit dem Papagei verließen sie die Hütte und zogen ihrem Stamm nach, der von nun an in Frieden lebte.

Amalivaka, der Vater der Tamanaken

Am oberen Orinoko, der tief in den Urwäldern des Hochlandes von Guayana entspringt, lebte einst das Volk der Tamanaken. Wenn sie abends an ihren Lagerfeuern saßen, erzählten die Alten vom Anfang aller Dinge und vom Ursprung ihres Stammes:

In den ganz frühen Zeiten, an die sich niemand erinnert, lebte hierzulande ein Geschlecht, dessen Namen keiner mehr weiß. Die Menschen kannten nur rohes Fleisch und aßen von Pflanzen und Pilzen, was sie beim Umherziehen fanden.

Damals beherrschte ein böser Wassergeist die Erde. Er trachtete danach, alles Lebendige zu vernichten. Deshalb sandte er eine große Flut, in der alle Menschen ertranken. Nur ein Mann und eine Frau konnten sich retten. Sie brachten sich in einer Höhle auf einem hohen Berg, dessen Gipfel wie eine Insel aus dem Wasser ragte, in Sicherheit. Der Berg hieß Cuchivero.

Auf den Wassern der Überschwemmung kam von Norden her in einer Barke ein starker Mann gefahren. Das war Amalivaka. Er war den Menschen wohlgesinnt, hatte von ihrer Not erfahren und wollte ihnen helfen, soweit noch geholfen werden konnte.

Er gelangte auch zu jenem Berg, auf dem der letzte Mann und die letzte Frau lebten, und wohnte in der Höhle mit ihnen.

Amalivaka umfuhr tagsüber in seiner Barke den Felsen und grub beschwörende Zeichen in den harten Stein. Unter seinen Händen entstanden eine große Schlange, ein Mensch und eine Sonne.

Alsbald kam die Sonne wieder hinter den Regenwolken hervor, das Wasser sank, und das Land wurde trocken. Der Orinoko kehrte in sein Flußbett zurück und windet sich nun wie eine große silbrig glitzernde Schlange durch das weite Land. Von da an gab es Menschen, uns Heutigen ähnlich, die Tamanaken. Sie bevölkerten die Erde, nannten Amalivaka ihren Vater und bewunderten die von ihm geschaffenen Bildnisse, die man über dem Tal noch sehen kann. Der Berg aber wird Tepumereme genannt, das heißt: bemalter Felsen.

Amalivaka hatte einen Bruder mit Namen Vochi, der war ihm, ebenfalls zu Schiff, gefolgt. Gemeinsam bauten beide eine neue Welt auf, eine bessere als vor der Flut. Auch unterwiesen sie die Menschen in mancherlei Handfertigkeiten und Künsten, vor allem zeigten sie ihnen, wie man Feuer anzündet. Auch den Orinoko versuchten die Brüder umzugestalten.

„Es ist sehr schwierig, stromaufwärts zu fahren", meinte Vochi. „Wie gut wäre es für die Menschen, wenn es uns gelänge, das zu ändern. Es würde ihnen ihr schweres Leben erleichtern."

So machten sich die beiden an die Arbeit. Doch sie vermochten es nicht, dem Fluß einen doppelten Fall zu geben. Deswegen ist es noch immer so anstrengend, den Orinoko hinaufzurudern.

Amalivaka hatte auch zwei Töchter. Sie liebten das Umherziehen und wollten um nichts in der Welt seßhaft werden.

Da ließ der Vater ihre Beine steif werden, so daß sie an Ort und Stelle bleiben mußten.

„... damit die Erde mit Tamanaken bevölkert werde!" sagte er.

Danach entschwand Amalivaka zusammen mit seinem Bruder und fuhr dorthin zurück, woher er gekommen war.

Wie alles wurde, wie es ist

So denken sich die Yekuana, die zwischen dem oberen Orinoko und dem Amazonas leben, wie alles geworden ist:

Im Anfang war Kahuña, der Himmel. Die Erde gab es zwar auch schon, aber sie lag wüst und leer da. Kahuña dagegen war eine wunderschöne Welt, bewohnt von den Kahuana. Das waren glückliche Wesen, die weder Krankheit noch Tod kannten, keine Kriege führten und nie Not litten. Immer war genügend Essen für sie da. So konnten sie stets fröhlich sein.

In Kahuña gab es nur Licht. Der oberste von allen, die dort lebten, hieß Wanadi. Er selbst war das Licht, und das Leben war ein einziger Tag ohne Sonnenuntergang.

Einmal sagte Wanadi: „Es wäre gut, die Erde zu bevölkern.“ Und er schickte einen Boten aus, das war Serhue, der Wissende. Er brachte die Weisheit mit und den Tabak. Er rauchte und sang und schuf als erstes seiner Geschöpfe den Geist.

Als der Geist geboren war, durchschnitt Serhue die Nabelschnur und vergrub die Nachgeburt im Boden. Dort lag sie und faulte, und es entstand daraus ein Wesen, schmutzig, am ganzen Leib behaart und von schlechtem Charakter. Das war Odoshawa. Er stellte den Geschöpfen Serhues nach und wollte verhindern, daß sie sich über die Erde verbreiteten.

„*Ich* bin euer Herr“, krächzte er, tobte über das Land dahin und brüllte: „Jetzt wird Krieg geführt!“

Es gelang ihm auch, Wanadis Abgesandten davonzujagen. Durch Odoshawa kamen Krankheit, Not und Tod in die Welt.

Weil das Böse einst aus der vergrabenen Nachgeburt entstanden war, legten die Yekuana sie fortan in einen Termitenbau, wo die Termiten sie auffressen, ehe sie fault.

Wanadi sandte bald einen anderen Boten aus, die Erde zu bevölkern. Das war Nadei-Umadi. Er brachte Huehanna mit. Das ist eine große hohle Kugel mit steinharter Schale. Man kann nicht in ihr Inneres sehen, wohl aber hört man aus ihr Worte und Gesang, Lachen und Rufen. Sie birgt nämlich alle die vielen guten Menschen, die noch nicht geboren wurden. Doch sie freuen sich auf die Welt und sind guter Dinge.

Nadei-Umadi wollte Huehanna öffnen, um die Erde mit fröhlichen Leuten zu beleben. Da erblickte er Odoshawa, der darauf lauerte, die Menschen sogleich zu verderben, und er versuchte den Bösen von sich abzulenken.

„Ich gehe jetzt auf die Jagd", sagte er zu seinen Neffen Kudewa und Iarakaru, die ihn begleitet hatten. Und leise fügte er hinzu: „Achtet mir inzwischen gut auf Huehanna!"

Während Kudewa Huehanna bewachte, wanderte Iarakaru unruhig hin und her. Dabei entdeckte er, daß Nadei-Umadi seinen Beutel mitzunehmen vergessen hatte. Er hob ihn auf und wollte hineinsehen.

„Öffne ihn nicht!" warnte Kudewa. „Nadei-Umadi hat es verboten. Der Beutel enthält all seine Kraft und auch den Tabak, vor allem aber die Nacht. Sie könnte uns entweichen."

Iarakaru legte den Beutel wieder hin. Odoshawa aber, der das Gespräch belauscht hatte, trat zu ihm und hetzte ihn auf:

„Was bist du doch für ein armseliger Wicht! Wagst nicht, einen Schritt allein zu tun und dir deine eigenen Gedanken zu machen! Öffne doch den Beutel! Schau nach, was drinnen ist!“

Iarakaru schickte sich an, den Beutel aufzumachen. Als Kudewa das bemerkte, rief er laut nach Nadei-Umadi. Der hörte es auch und kehrte auf der Stelle um. Aber Iarakaru hatte die Tasche bereits geöffnet.

Die Nacht entwich, und im Augenblick wurde es dunkel. Alles Licht über der Erde erlosch. Nadei-Umadi konnte sich nur noch vorwärts tasten und kam nur langsam von der Stelle.

Odoshawa aber triumphierte.

„Mein ist die Erde!“ rief er mit krächzender Stimme. Er und die Wesen, die er geschaffen hatte, fanden sich auch im Dunkeln zurecht. Mit Knüppeln kamen sie, um Huehanna zu zertrümmern. Aber die harte Schale hielt ihren Schlägen stand.

Als Nadei-Umadi endlich anlangte, zogen sich Odoshawa und sein Gesindel zurück. Ein weißer Affe eilte davon. Das war Iarakaru; aus Angst hatte er die Gestalt gewechselt. Er wurde zum Stammvater aller weißen Affen.

Ein stummer Papagei flog auf und verschwand über den Wipfeln. Das war Kudewa. Auch er hatte sich aus Furcht verwandelt.

Die Nacht hatte sich über die Erde verbreitet, und Nadei-Umadi konnte sie nicht wieder einfangen. Von nun an herrschte immerwährende Dämmerung. Nadei-Umadi wurde traurig. Er nahm Huehanna auf, die Kugel. Fröhlich unterhielten sich darin noch immer die ungeborenen guten Menschen. Auf seinen Schultern trug er sie den Berg Waruma

hinauf und versteckte sie. Da liegt sie nun und wartet auf den Tod von Odoshawa und auf das Ende seiner Herrschaft.

Nadei-Umadi kehrte unverrichteterdinge in das himmlische Kahuña zurück, und Wanadi breitete dicke Wolken über die Erde, weil er sie nicht mehr sehen wollte.

Lange Zeit geschah nichts. Die von Odoshawa geschaffenen Wesen litten Not. Sie fürchteten ihren Herrn und verbargen sich in Höhlen und Klüften.

Dann sandte Wanadi einen neuen Boten aus. Das war Attawanadi. Er sollte auf der Erde ein neues Volk erschaffen.

Attawanadi bildete zuerst die Sonne, den Mond und die Sterne. Odoshawas Geschöpfe krochen aus ihren Verstecken und bewunderten die Helligkeit des Tages.

Da wurden ihre Herzen froh. Sie wandten sich Attawanadi zu, klagten ihm ihr Leid und beschwerten sich über das Leben in Elend, Krankheit und Hunger, das Odoshawa ihnen beschert hatte.

Attawanadi empfand Mitleid mit ihnen, die wie Tiere in Höhlen hausten und weder Maisbrot kannten noch Wasser zum Trinken. Sie hatten keine Pfeile, keine Bogen, ja nicht einmal Hängematten. Unverzüglich kehrte er in das himmlische Kahuña zurück, zu Jamánkawe, der Herrin über alles Eßbare, der Hüterin des Manioks. Er bat sie um Nahrung für die verwilderten Lebewesen auf der Erde. Jamánkawe war bereit zu helfen und sandte sogleich einen Boten mit Maisbroten zu ihnen. Heißhungrig fielen sie über das köstliche Gebäck her und waren über die Maßen glücklich.

Odoshawa, der das mit angesehen hatte, streifte grimmig umher. Er fürchtete, seine Geschöpfe könnten seiner Hand entgleiten, und sann darauf, sie Attawanadis Einfluß zu entziehen. Deshalb trat er vor sie hin und sagte: „Ihr Dummköpfe, merkt ihr denn nicht, daß ihr Dreck freßt? Attawanadi hat euch behext!“

Und er verwirrte ihre Sinne, so daß sie glaubten, statt Brot Moos und Erde, mit Vogelmist vermischt, zu essen. Voll Ekel warfen sie die gute Gabe fort und trampelten darauf herum.

In diesem Augenblick kehrte Attawanadi zurück, der noch mehr Brot geholt hatte. Mit Entsetzen sah er, was vor sich ging, wandte sich empört ab und sprach: „Was sind das nur für Wesen! Odoshawa hat sie geschaffen; ihm bleiben sie hörig. Es muß schon ein ganz neues Volk kommen, wenn es besser werden soll auf der Erde.“

Attawanadi zog sich auf den Berg Wana-Hidi zurück und errichtete dort ein Haus, das erste, das auf der Erde erbaut wurde. Danach machte er Menschen – zuerst zwölf, später noch mehr. Er nahm dazu Erde, formte die Gestalt und blies sie mit Tabakrauch an.

„Du sollst leben!“ sagte er dabei.

Später baute er noch mehr Häuser und forderte die Menschen auf, sie zu bewohnen.

Aber auch Odoshawa war zur Stelle und beobachtete mit Mißfallen, was vor sich ging. Arglistig schlich er um die Häuser und die Menschen herum und sann, wie er sie verderben und in seine Gewalt bringen könnte.

„*Ich* bin der Herr der Erde“, knurrte er. „Außer mir und den Meinen soll es nichts geben.“

Attawanadi erkannte die Gefahr. Er setzte sich nieder, stützte den Kopf in die Hände und versenkte sich in einen Traum. Es soll immer genügend Essen dasein für die Menschen, träumte er.

Das Essen aber kam nicht; denn auch Odoshawa träumte: Es soll Hunger sein in der Welt. Der Hunger soll mir die Menschen gefügig machen.

Attawanadi träumte: Wir müssen genügend Maisbrot haben.

Nichts Eßbares soll zu finden sein! widerstand ihm der Böse.

Im Traum tötete Attawanadi fünf Hirsche, um die Menschen zu sättigen.

Sein Feind aber stritt gegen ihn: Die Menschen sollen Mangel leiden und sterben.

Attawanadi träumte: Es gibt viel Yucca. Einen ganzen Berg Yucca soll es geben, genug zum Sattwerden für alle.

Es kommt eine schwere Krankheit über die Menschen, setzte der Böse dagegen. Viele werden das Leben verlieren.

Da gab Attawanadi auf. Zornig sagte er zu seinen Leuten: „Hier ist man nicht sicher vor Odoshawa. Gehen wir fort!“

Sie zogen ihrer Wege und kamen zu Wade, der mit seiner Familie in einer großen Höhle lebte.

„Wir sind auf der Flucht vor Odoshawa“, erklärte Attawanadi und bat um Obdach.

„Bei mir könnt ihr bleiben“, antwortete Wade.

Da kehrten Attawanadi und die Seinen bei ihm ein. Wade war der Großvater der Faultiere. Wenn er wollte, konnte er sich in ein Faultier verwandeln.

Wade sagte: „Ruht euch von der anstrengenden Wanderung aus. Ich gehe inzwischen auf die Jagd.“

Sein Blasrohr nahm er mit. Unterwegs versperrte ihm ein mächtiger Jaguar den Weg.

„Geh weiter und belästige mich nicht!“ sagte der Jäger. Aber der Jaguar wollte ihn fressen. Da erlegte ihn Wade mit einem

Pfeil. Doch er wurde wieder lebendig, erhob sich und lief davon.

Mit reicher Beute an Vögeln kehrte der Großvater der Faultiere in seine Höhle zurück und erzählte von der sonderbaren Begegnung.

„Vielleicht war das Odoshawa", meinte Attawanadi.

„Das glaube ich nicht", erwiderte Wade. „Aber wenn du sichergehen willst, mach eine Probe. Nimm mein Blasrohr und zieh in den Wald. Ich rate dir aber, verwandle dich, geh als schmutziger, verwilderter alter Mann!"

Attawanadi befolgte Wades Rat und traf tatsächlich Odoshawa. Der beäugte ihn mißtrauisch und fragte: „Hast du vielleicht Attawanadi gesehen?"

„Attawanadi? Wer ist denn das?" fragte der Greis. „Ich kenne niemanden, der so heißt."

Da machte sich Odoshawa davon und kam nicht wieder.

Attawanadi kehrte zu Wade zurück und brachte ebenfalls reiche Jagdbeute mit. Während des Essens erzählte er, was ihm widerfahren war.

„Das ist gut", sagte Wade, als er geendet hatte. „Tu auch weiterhin, als wärst du nicht Attawanadi!"

Odoshawa aber gab es nicht auf, Attawanadi zu suchen. Er streifte im Land umher. Auch zu Wade gelangte er und fragte nach dem Geflohenen.

„Wir kennen ihn nicht", bekam er zur Antwort.

Attawanadi aber wanderte von Ort zu Ort, errichtete neue Häuser und schuf viele Menschen, die sie bewohnten. Der erste, den er aus Ton gemacht und zu dem er gesagt hatte: „Du sollst leben", hieß Yekúhana. Von ihm stammen wir alle ab. Deshalb nennen wir uns auch Yekuana.

Nachdem er seine Arbeit vollendet hatte, weilte Attawanadi noch eine Zeitlang auf der Erde. Danach beschloß er, in das himmlische Kahuña zurückzukehren. Da rief er unsere Väter zusammen. Alle versammelte er sie um sich und forderte sie auf, mit ihm ein großes Fest zu feiern.

Sie kamen auch von nah und fern herbei, denn sie liebten ihn. Bevor das Fest mit Singen, Rauchen, Trinken und Tanzen begann, hielt er eine Rede.

„Ich will nicht länger hierbleiben. Sehnsucht habe ich nach Kahuña, woher ich kam. Mein Werk ist gelungen, wenn auch Odoshawa noch auf der Erde weilt. Solange er da ist, wird es Krieg geben, Krankheit und Tod.

Es ist aber gewiß, daß er eines Tages sterben und verschwinden wird. Dann leuchtet hinter den Wolken, die den Himmel bedecken, das wahre Licht Wanadis auf. Das ist der Augenblick, in dem aus der Kugel Huehanna, die im Gebirge versteckt liegt, die noch ungeborenen guten Menschen heraustreten in die Welt. Von da an wird es kein Sterben mehr geben.

Bis zu dieser Zeit allerdings hat Odoshawa noch Macht, und ihr müßt mit ihm rechnen."

So sprach Attawanadi. Das geschah am Fuß des mächtigen Bergs Duida, der sich tausend Meter hoch über die Ebene erhebt.

Danach begannen alle zu tanzen. Attawanadi setzte sich auf eine Bank und sang. Er sang schön.

Da kam auch Odoshawa herbei und setzte sich ihm gegenüber auf eine andere Bank. Beide hatten ihren Federschmuck angelegt. Nun wußte Odoshawa, wen er vor sich hatte.

Als der neue Tag anbrach, sang, tanzte und rauchte Attawanadi noch immer, und tanzend entschwand er.

Odoshawa bemerkte es nicht sogleich, weil er viel getrunken hatte. Als er aber sicher war, daß Attawanadi sich entfernt hatte, setzte er ihm nach.

„Er soll mir nicht entkommen", knurrte er. „Ich halte ihn fest. Nach Kahuña darf er nicht gelangen; von dort aus ist er mir zu mächtig."

Aber der Gesuchte war schon weit. Den großen Fluß Orinoko eilte er hinauf und errichtete hinter sich fünfzehn Wasserfälle und Stromschnellen, damit Odoshawa ihm nicht folgen konnte.

Der Böse sandte ihm einen Jaguar nach, mit der Weisung, ihn zu töten. Doch Attawanadi erlegte den Verfolger mit der Lanze, zerrieb die Knochen des Jaguars und blies den Staub in die Lüfte. Da wurden daraus Schwärme von Moskitos und Myriaden schwarzer Stechmücken, die über Odoshawa herfielen. Heute noch gibt es am oberen Orinoko viele Moskitos und Stechmücken.

So kam Attawanadi unangefochten zu dem letzten Volk, das er auf Erden besuchte, zu den Matuto. Er machte sie alle zu Schmetterlingen, damit Odoshawa ihnen nichts anhaben konnte. Seither leben in diesem Gebiet viele buntschillernde Falter.

„Wenn Odoshawa kommt und nach Attawanadi fragt", sagte er ihnen, „dann antwortet: ‚Er ist nach Kahuña gegangen'. Fragt er, welchen Weg ich eingeschlagen habe, so erklärt ihr: ‚Er hat sich die Eingeweide aus dem Leib genommen. Das haben wir gesehen und nicht mehr!'"

Danach öffnete Attawanadi seinen Leib und entnahm ihm die Eingeweide. Er warf sie in den Fluß. Heute noch kann man sie versteinert in der dortigen Stromschnelle liegen sehen.

„Nun ist er tot", jammerten die Schmetterlinge. Aber es war

nur seine sterbliche Hülle, die sie sahen. Sein Geist war nach Kahuña geflogen, von wo er dereinst wiederkommen wird in anderer Gestalt.

Als Odoshawa die Schmetterlinge fragte, antworteten sie, wie Attawanadi ihnen aufgetragen hatte. Da fluchte der Böse fürchterlich; denn er getraute sich nicht, ein Gleiches zu tun.

Wütend kehrte er um. Bald als Raubvogel, bald als Jaguar zieht er seitdem umher, ängstigt die Menschen, peinigt sie mit Krankheiten und hetzt sie in Kriege.

Aber seine Tage sind gezählt. Denn wenn Attawanadi wiederkommt, wird ein friedliches Leben beginnen, in dem es keine Not mehr gibt.

Wie die Menschen Speise und Trank erlangten

Am Anfang aller Dinge waren die Menschen arm. Es gab keine Früchte, ja es wuchs nicht einmal ein Baum. Um satt zu werden, nährten sie sich von Erde.

Im himmlischen Kahuña lebte Jamánkawe, die Herrin der Yucca und aller übrigen eßbaren Dinge. Sie hörte von der Not der Menschen und schickte ihnen durch einen Boten Maisfladen, mit denen sie sich sättigen sollten.

Die Hungernden machten sich gierig darüber her und fragten dann den Überbringer: „Woher kommst du?“

Der antwortete nur: „Von weit her“, und zog seines Weges.

Die Menschen waren zufrieden und guter Dinge. Aber da erschien Odoshawa, und alles wandelte sich wieder zum Schlechten. Von der Herrin der Yucca kamen keine Maisfladen mehr. Die Menschen magerten ab, wurden hinfällig und erkrankten. Auch alles Wasser versiegte. Da litten sie bittere Not.

Einer von ihnen hieß Dariche. Das war der große Mauersegler. Eines Tages sagte er: „Ich habe den Weg der Ameisen zum Wasser entdeckt. Ich will mich aufmachen und für uns welches herbeischaffen.“

Er flog davon, erklomm immer steilere Höhen, erreichte schließlich die Wolken und verschwand darin. Nach einiger Zeit kam er tatsächlich mit Wasser zurück. Das hatte er aus dem großen Himmelssee Arkúena entwendet. Unterwegs aber, auf dem letzten Teil der Strecke, verlor er es bei Kashishare. Dort entstand ein großer See. Bis dahin hatte es auf der Erde weder Teiche noch Tümpel gegeben, noch den Fluß Orinoko. Sie alle entstanden später aus dem wunderbaren See Kashishare. War der Weg dorthin auch weit, so hatten die Menschen nun doch wenigstens Wasser, um ihren Durst zu stillen.

Eines späteren Tages sagte ein anderer: „Ich kenne jetzt den Weg, den damals der Bote mit den Maisfladen gegangen ist.“

Das war Kuschi, der schwarze Brüllaffe. Urvater aller Brüllaffen, ein kluger Mann. Er hatte eine Schwester, Iumakawa mit Namen, die lebte im Himmel. Über sie verband ihn Freundschaft mit Wedama, dem Sohn Jamánkawes, der Herrin der Yucca.

Kuschi machte sich auf den Weg, um Maisfladen zu holen. Er stieg auf einen hohen Baum, erreichte den Himmel, kletterte weiter und drang schließlich in Kahuña ein. Dort fand er das Haus von Jamánkawe. Es stand leer; die Besitzerin war fortgegangen. Dicht dabei wuchs ein Baum, an dem hingen Früchte aller Art. Ein Zaun umgab ihn. Kuschi schaute rundum, ob ihn niemand beobachtete. Dann kletterte er über den Zaun und wollte gerade den Stamm erklimmen, als ein junger Mann ihn anrief. Es war Kuschis Freund Wedama. Sie freuten sich über das unverhoffte Wiedersehen.

Kuschi erklärte: „Ich bin hierhergekommen, um Nahrung zu holen. Wir leiden auf der Erde große Not.“

„Ich will dir helfen, etwas zu beschaffen“, sagte der Freund. „Aber laß uns mit Vorsicht ans Werk gehen!“

Wedama verwandelte sich in eine blaue Schwalbe – er war nämlich der Urvater aller blauen Schwalben – und flog hinauf in die höchsten Zweige des Fruchtbaumes. Kuschi, der Brüllaffe, folgte dem Freund in den Wipfel. Dort wuchsen die besten Früchte. An jedem Zweig hingen andere. Zunächst aß Kuschi sich selbst einmal satt.

Aber da oben hatten auch die Wespen ihr Nest. Sie waren von der Herrin der Yucca mit der Bewachung des Baumes beauftragt und riefen: „Es ist ein Dieb im Baum! Jemand stiehlt hier Früchte!“

Da eilte Jamánkawe herbei, um nachzusehen, was los war. Schnell flog dic blaue Schwalbe davon. Auch der Brüllaffe wollte sich fortstehlen. Aber er war nicht so geschwind; auch hatte er noch Früchte in den Händen, die er den Menschen zu bringen gedachte. Das hinderte ihn beim Rennen.

Die Herrin der Yucca holte ihn ein, zog ihm das Fell vom Leibe und hängte ihn über den Zaun.

Nun muß ich sterben, dachte Kuschi. Dann aber entsann er sich seiner Schwester Iumakawa, die ja im Himmel wohnte. Sie rief er flehentlich herbei und bat sie, ihm zu helfen.

„Warum stiehlst du auch? Deshalb hängst du nun hier. Du hast die Strafe verdient!“

„Ich tat es ja nicht für mich“, jammerte Kuschi. „Auf der Erde leiden die Menschen Hunger. Für sie wollte ich etwas zu essen holen. Hilf mir doch, liebe Schwester! Ohne Haut muß ich sterben.“

Jamánkawe war zuerst noch ungehalten. Dann aber beruhigte sie sich und gab Iumakawa das Fell. Die brachte es ihrem Bruder und erlöste ihn aus seiner mißlichen Lage. Geschwind schlüpfte er wieder in seine Haut, lief davon und kehrte bald darauf zur Erde zurück. Aber er kam nicht mit leeren Händen. Er brachte ein Reis des Fruchtbaumes mit.

Auf der Erde verwandelte er sich wieder in einen Menschen, setzte sich vor seiner Hütte auf die Bank und starrte nachdenklich vor sich hin. Als es Abend wurde, stand er auf und pflanzte das Reis in die Erde. Über Nacht wuchs der Zweig, und als es Tag wurde, war daraus ein hoher Baum mit vielen starken Ästen geworden. Früchte der verschiedensten Arten hingen daran.

„So, das wäre geschafft", sagte Kuschi, aß und freute sich. Das war der Anfang unserer Nahrung: der große Baum, der Weltenbaum. Es war überhaupt der erste Baum, der auf Erden wuchs.

In der Großen Savanne, zu Füßen des Roraima, lebte damals eine Frau, die hieß Edeñawadi. Sie erfuhr, was Kuschi getan hatte, und machte sich auf den Weg zu ihm. Eine Weile unterhielten sie sich, und schließlich bat sie ihn um ein Reis von dem Baum.

„Das kann ich dir geben", sagte Kuschi und reichte ihr einen Zweig. Edeñawadi machte sich auf den Heimweg.

Unterwegs überraschte sie die Nacht, und die Frau pflanzte das Reis. Am nächsten Morgen war es nur ganz wenig gewachsen und hatte drei grüne Blättchen angesetzt, sonst nichts.

„Das Erdreich hier ist nicht gut genug", sagte sie, grub den Zweig wieder aus und zog weiter. In den Nächten pflanzte sie den Zweig immer wieder ein, aber stets ohne Erfolg. Er wollte und wollte nicht wachsen.

Eines Tags kam sie zu dem Haus von Wade, dem Großvater der Faultiere, bei dem einst Attawanadi Zuflucht gefunden hatte. Ihm erzählte sie von ihrem Mißgeschick.

„Hier ist gute Erde", versicherte ihr Wade. „Pflanze das Reis bei uns ein!"

Da wuchs über Nacht aus dem Zweig ein hoher Baum, an

dem vielerlei Früchte hingen. Alle Sorten, die es gibt, alle Bäume, die heutigentags noch wachsen, überhaupt alles, was grün ist weit und breit, wurde in dieser Nacht geboren, nachdem Edeñawadi den Zweig in die Erde gesenkt hatte.

Von nah und fern kamen die Menschen herbei, alle, die nichts zu essen hatten. Sie bestaunten den Baum und die Früchte und freuten sich.

„Nun haben wir genug, um satt zu werden!“ sagten sie und tanzten.

Der Baum aber war indessen so hoch in den Himmel gewachsen, daß sie nicht mehr an die Früchte gelangen konnten. Mit leeren Mägen standen die Menschen um den mächtigen Stamm und sahen hoch oben die herrlichsten Bananen und Orangen hängen. Sie reckten verzweifelt die Arme, konnten sie jedoch nicht erreichen.

„Was machen wir jetzt?“ jammerten sie.

Da löste sich ein Ast mit Früchten, übervoll und schwer, und stürzte in die Tiefe. „Hier kommt unser Essen!“ riefen die Menschen. Aber der Ast erschlug einen von ihnen.

Darauf brach ein Ast mit Kokosnüssen ab. Er traf einen der unten Stehenden und schlug ihm die Nase platt. Da ward er zum Schwein. Er wurde der Vater aller Schweine.

Bis zum heutigen Tag ist es so geblieben, daß das Sammeln und Ernten mühselig und mit Gefahr verbunden ist.

Wie der Mond zu seinen Flecken kam

Als Attawanadi noch auf der Erde weilte, schuf er viele Menschen. Aber mit der Zeit gerieten alle unter den Einfluß des bösen Odoshawa und verkamen. Da sagte Attawanadi zum Mond: „Ich werde neue Menschen holen, die Odoshawas Gewalt nicht unterliegen. Deshalb gehe ich jetzt zum Himmel hinauf, nach Kahuña, um mir von Wanadi eine Huehanna zu erbitten.“

Der Mond aber war ein durchtriebener Geselle. Er entgegnete: „Auch ich möchte gern Menschen haben.“ Er wollte das wirklich, aber mit dem Hintergedanken, sie zu fressen.

Attawanadi wußte das nicht und entgegnete gutmütig: „Wenn ich genügend Menschen habe, gebe ich dir ein paar ab.“

Der Mond schwieg und dachte: Was wird er mir schon geben! Besser ist's, ich beschaffe mir selbst welche. Was hindert mich, zum Himmel emporzusteigen und mir eine Huehanna zu holen?

Als Attawanadi ihn verlassen hatte, machte er sich sogleich auf den Weg. Er kletterte an einer Liane empor und kam nach Kahuña. Aber er fand die Tür des Hauses, in dem Wanadi wohnte, verschlossen. Durch einen Türspalt unterhielt er sich mit den Wächtern, sagte, er sei Attawanadi, und trug ihnen sein Anliegen vor. Die Wächter brachten seine Bitte vor Wanadi. Der sagte: „Es ist gut“, und die Wächter reichten dem Mond eine Huehanna hinaus. Schleunigst entfernte er sich.

Als bald danach Attawanadi nach Kahuña und zu Wanadis Haus kam, wurde der Betrug offenbar, ohne daß man wußte, wer ihn ausgeführt hatte. Da eilte Attawanadi zur Erde zurück, um Unheil zu verhüten.

Der Mond wohnte mit seiner Schwester Frímene zusammen. Als er von Kahuña zurückkehrte, betrachtete sie ihn mißtrauisch.

„Wo kommst du her? Was hältst du denn in der Hand?" fragte sie.

Da prahlte der Mond: „Von Kahuña komme ich, direkt vom Himmel. Und das da ist Huehanna."

„Wie schön sie ist", sagte Frímene entzückt. „Wie das Ei eines großen Huhns."

Als sie näher trat, vernahm sie ein feines Brummen. Es ertönte aus dem Innern der Kugel und hörte sich an wie das Summen von Bienen in ihrem Nest. Das waren die noch ungeborenen Menschen, die in Huehanna sangen und tanzten. Als das Mädchen das Ohr daranhielt, hörte sie alles ganz deutlich.

Die möchte ich haben, dachte die verständige Frímene und erschrak sogleich bei dem Gedanken, was wohl ihr Bruder mit den Menschen anfangen wollte. Da sie ihn kannte, ahnte sie, daß er Böses im Schilde führte. Das darf nicht sein, dachte sie; ich will die Wesen da drinnen schützen. Zu Wanadi werde ich Huehanna nicht zurücktragen. Ich möchte die Menschen zur Welt bringen, möchte ihre Mutter werden. Über diese Gedanken aber bewahrte sie Stillschweigen.

Bald darauf erklärte der Mond: „Ich muß noch einmal fort. Hüte indessen das Haus und verwahre vor allem Huehanna. Es wäre möglich, daß Attawanadi vorbeikommt und danach fragt. Dann antworte ihm: ‚Ich habe nichts gesehen.'" Mit diesen Worten machte er sich auf den Weg.

Als er fort war, ergriff das Mädchen Huehanna und verbarg sie in ihrem Leib. Ich werde sie so lange aufbewahren, sagte sie zu sich selbst, bis die Menschen geboren werden. Sie war glücklich dabei; denn nun vernahm sie die Laute der Ungeborenen in sich und hörte deutlich ihren Gesang.

Als der Mond wiederkam, suchte er vergeblich nach der Kugel und fragte dann: „War etwa Attawanadi da? Hat er Huehanna entwendet?"

Frímene antwortete: „Ich habe nichts gesehen."

„Du hast nicht aufgepaßt!" fuhr sie der Bruder wütend an. „Du bist zu nichts nütze!"

Er schaute ihr dann bei der Arbeit zu. Als er sie so von der Seite betrachtete, kam es ihm vor, als ob sie schwanger sei. Da ahnte er etwas, sagte aber nichts.

Das Mädchen wandte sich ab; es war ihr lästig, so angestarrt zu werden.

„Ich gehe schlafen", sagte sie und legte sich in ihre Hängematte, nicht ohne sich zuvor, wie zu einem Fest, mit schwarzer Farbe bemalt zu haben. Dann lauschte sie in sich hinein, hörte die Stimmen in ihrem Leib, freute sich darüber und schlief ein.

In der Nacht erwachte sie von einem Geräusch. Es schien ihr, als nähere sich ihr jemand auf leisen Sohlen. Sie blickte um sich, konnte aber in der Dunkelheit nichts erkennen. Als sie wiederum schlurfende Schritte vernahm, fragte sie: „Wer ist da?" Doch sie bekam keine Antwort.

Auf einmal legte sich ein Mann zu ihr in die Hängematte. Sie fürchtete sich, gab aber keinen Laut von sich. Die Hände des Mannes betasteten ihren Leib und fanden endlich

Huehanna. Aber Frímene wehrte sich. Lange und verbissen rangen sie miteinander. Endlich schlich er wortlos, wie er gekommen war, wieder fort.

Als es Morgen wurde, erhob sich das Mädchen schwerfällig aus der Hängematte. Ich muß wissen, dachte sie, wer das heute nacht war: Odoshawa, der böse Geist, Attawanadi oder mein Bruder.

Sie verließ die Hütte und machte sich auf die Suche. Unterwegs traf sie den Mond. Er saß in einem Versteck.

„Was machst du da?“ fragte sie ihn.

„Ich warte auf Wild“, antwortete er.

Als er sprach, konnte sie sein Gesicht sehen. Es war mit schwarzer Farbe beschmiert.

Er war es also! dachte das Mädchen. Ich habe ihn entdeckt. Doch sie sagte nichts, und es geschah auch nichts weiter. Aber sie dachte: Unter solchen Umständen kann ich nicht länger bei meinem Bruder bleiben. Wortlos begab sie sich ins Haus, packte ihre Habe zusammen und zog fort.

Seit damals hat der Mond ein fleckiges Gesicht. Bei Vollmond kann man deutlich die Farbspuren sehen.

Die Mutter der Flüsse

Was ist aus Frímene, der Schwester des Mondes, geworden, was aus Huehanna? Das Mädchen zog sich in das Gebirge zurück, immer noch die Kugel mit den Menschen in seinem Leib. In den Händen trug sie zwei Kalebassen mit Essen, um unterwegs keinen Hunger zu leiden. Beim Wandern durch den Wald entglitt ihr die eine, fiel zu Boden und zerbrach. Daraus wurde Hohöttu, der Truthahn. Aus der anderen, die bei ähnlicher Gelegenheit ebenfalls zerschellte, entstand Kahiuwai, der Papagei. Seitdem gibt es diese Tiere.

Frímene gelangte schließlich an das Ufer des Flusses Uriñaku, den man heute Orinoko nennt. Sie konnte ihn aber nicht überqueren, weil er viel zu breit war.

„Wenn ich schon nicht ans andere Ufer kommen kann", sagte da das Mädchen, „so soll eben der Fluß selbst mein Weg sein."

Sie stieg beherzt ins Wasser und schwamm mit der Strömung. Immer weiter entfernte sie sich von dem Haus ihres Bruders. Sie war fröhlich und sagte: „Nun bin ich die Herrin des Wassers, die Mutter der Flüsse."

Im nämlichen Augenblick verwandelte sie sich und wurde zu Huiio, der großen Schlange. Sie tauchte unter und ward lange Zeit nicht mehr gesehen. In einer Stromschnelle am Grunde des Flusses hatte sie nun ihr Haus.

Attawanadi war noch immer hinter Huehanna her, um die ihn der Mond betrogen hatte. Er durchstreifte das weite Land und fragte jeden, dem er begegnete, nach der Kugel. Aber niemand wußte etwas davon.

So kam er auch zum Haus des Mondes.

„Nein", sagte dieser auf seine Frage, „ich habe sie nicht gesehen. Aber", fügte er voll Hinterlist hinzu, „meine Schwester kann dir darüber Auskunft geben. Sie trägt Huehanna in ihrem Leib verborgen. Deshalb floh sie auch von hier." Auf diese Weise wollte er sich an Frímene rächen.

Jetzt hatte Attawanadi ein festes Ziel. Er suchte das Mädchen, rief überall nach ihr, bekam aber keine Antwort. Alle Leute, die er traf, fragte er aus, doch keiner hatte Frímene gesehen. Wohl aber erklärten sich viele bereit, ihm beim Suchen zu helfen. Sie durchstreiften mit ihm den lieben langen Tag das Land, bis sie müde wurden. Da kehrten sie unverrichteterdinge heim.

Attawanadi war dem Verzweifeln nah. Auf einmal fiel ihm sein Bruder ein. Das war Müdo, der Ziegenmelker, der sich nachts immer in den Vogel dieses Namens verwandelte. Er war, so entsann sich Attawanadi, der Verlobte von Frímene. Also suchte er ihn auf.

„Du bist doch ihr Bräutigam", sagte er zu ihm. „Wenn du rufst, wird sie bestimmt kommen. Tu es bitte mir zuliebe!"

Aber Müdo sträubte sich.

„Sie ist so schön", meinte er, „ich aber bin so häßlich mit meinem breiten Mund und den kleinen Augen. Nein, ich mache das nicht. Sie würde auch gar nicht zum Vorschein kommen, wenn ich sie riefe."

Attawanadi bat ihn inständig, und schließlich erklärte sich der Ziegenmelker doch bereit. Er gewann seinen Freund

Hohöttu, den Truthahn, zur Verstärkung, und nun riefen und schrien die beiden die ganze Nacht.

Als es zu tagen begann, hörte die Mutter der Flüsse ihre Stimmen. Sie verließ ihr Haus, kam an die Wasseroberfläche, schwamm ans Ufer und ließ den Fluß hinter sich. Aber sie war ja nun nicht mehr Frímene, sondern Huiio, die große Schlange. Deswegen erkannte Müdo sie nicht wieder, als sie sich ihm näherte.

„Wer bist du", fragte er. „Ich kenne dich nicht. Dich habe ich nicht gerufen." Beim Sprechen kniff er seine ohnedies kleinen Augen bis auf einen Spalt zusammen und musterte sie.

„Natürlich hast du mich gerufen", antwortete die Schlange. „Ich bin doch deine Braut. Deswegen komme ich ja, weil ich deine Stimme erkannte."

Sie kroch näher an ihn heran. Wenn sie sich bewegte, konnte man in ihrem Innern die Musik aus Huehanna hören. Die Leute dort drinnen tanzten und sangen noch immer und warteten auf das Geborenwerden.

Müdo, der Ziegenmelker, sagte: „Attawanadi will Huehanna wiederhaben."

„Ich kann sie ihm nicht geben", war Huiios Antwort. „Meine Kinder sind in meinem Leib."

„Aber es sind doch gar nicht deine, es sind Attawanadis Kinder! Du hast sie dir einfach angeeignet!"

Sie aber wollte sie unter keinen Umständen hergeben. Da riefen Müdo und Hohöttu Leute aus der Nachbarschaft herbei. Sie kamen mit Bogen, Pfeilen und Lanzen angelaufen. Die beiden befahlen ihnen: „Folgt der großen Schlange! Tötet sie!" So begann die Jagd auf die Herrin des Wassers, die zum Fluß hin floh.

Um die Verfolger abzulenken und Huiio einen Vorsprung zu sichern, erschien am Himmel ihr Abbild, der Regenbogen, eine mit unzähligen bunten Federn geschmückte Schlange. Hoch in der Luft entfaltete sie ihr wunderbar schillerndes Gefieder.

Nur kurze Zeit hielt der Anblick die Pfeilschützen auf, dann setzten sie wieder der Wasserschlange nach. Unterwegs riefen sie Dede, die Fledermaus.

„Hilf uns, die Schlange zu töten und ihr Huehanna wegzunehmen!" baten sie, und sie fügten hinzu: „Bleib du ruhig hier sitzen! Wenn sie Huehanna verliert, so fange sie auf, damit sie nicht ins Wasser fällt!"

Dede erklärte sich dazu bereit und fand ein Versteck, von dem aus er alles gut beobachten konnte. Die Verfolger waren der Schlange indessen auf Schußweite nahe gekommen und schossen ihre Pfeile ab. Die meisten drangen in ihren Körper ein, und sie wurde ohnmächtig. Ihre Muskeln erschlafften, und Huehanna kollerte aus ihrem Körper heraus.

Dede war wachsam. Er nahm sein Wurfnetz zur Hand, das er sich zurechtgelegt hatte.

„Fang sie auf! Fang sie auf!" riefen die Menschen. „Paß auf, daß sie nicht zerbricht."

Dede bemühte sich redlich. Aber da kam ihm Ficha in die Quere, der Aasgeier. Der wußte alles besser als andere.

„Los, los! Zögere nicht so lange", redete er auf Dede ein und griff nach dem Netz.

„Laß mich in Ruhe!" protestierte Dede. „Ich weiß schon selbst, was ich tun muß. Du hast zu kleine Augen und kannst schlecht sehen."

Weiter kam er nicht. Ficha hatte ihm das Netz entrissen. Und nun geschah das Unglück. Huehanna rollte heran. Der

Aasgeier entdeckte die Kugel zu spät und warf das Netz ungeschickt. Huehanna plumpste ins Wasser.

„Du bist schuld, Ficha, daß wir sie verloren haben", schrien wütend die Leute. Aber das half nun auch nichts mehr.

Im Wasser stand, von den Wellen umspült, ein mächtiger Felsen. Huehanna prallte dagegen und zerschellte. Die ungeborenen Wesen purzelten durcheinander und fielen ins Wasser. Aber sie ertranken nicht, sondern wurden zu Eiern von Wassertieren. Wenn sie aufbrachen, entstanden aus ihnen viele Fische. Das waren die ersten ihrer Art. Es kamen aber auch Kaimane zum Vorschein und alles andere Getier, das heute noch im Wasser lebt.

Huiio war ihre Mutter. Als die Schlange, mit Pfeilen gespickt, bewegungslos am Ufer lag, hielten die Menschen sie für tot und warfen sie ins Wasser zurück. Sie war aber nicht gestorben. Ihre Lebenskraft blieb ungebrochen, und noch heutigentags zeigt sich hin und wieder ihr Abbild, der Regenbogen. Sie wohnt allerdings nicht mehr in dem Fluß. In Arkúena, dem großen See über den Wolken, hat sie ihr Haus.

Huiios Körper war auf der Erde zurückgeblieben, ihr Blut färbte das Wasser rot. Da traten die Flüsse über die Ufer und überschwemmten das Land. Alle Menschen waren von den Wassermassen bedroht. Schreiend und wehklagend kletterten sie auf die Berge und verbargen sich in Höhlen. Als die Flut wieder gefallen war, kehrten die Überlebenden zurück und tranken von dem Wasser, das gefärbt war mit dem Blut der Mutter. Auch Müdo, der Ziegenmelker, und Hohöttu, der Truthahn, waren dabei. Sie wurden die ersten Stammeshäuptlinge, die Kaziken.

Manuwa, der Jaguar, kam mit seiner Frau Kawao, dem Frosch, zum Fluß. Beide hatten an der Jagd auf die Wasserschlange teilgenommen und Pfeile auf sie abgeschossen. Nun betrachteten sie staunend das noch immer blutige Wasser. Die Frau des Jaguars fand im Ufersand zwei Fischeier, die angespült worden waren. Sie hob sie auf.

„Ich will sie ausbrüten", sagte sie zu ihrem Mann.

„Gut so", antwortete der Jaguar, dachte aber dabei, auf diese Weise bekäme er etwas zu fressen in sein Haus.

Aus den beiden Eiern kamen später zwei Menschen hervor. Das waren die Kinder von Huiio, die Brüder der Fische.

Wie die Menschen das Feuer erhielten

In den frühesten Zeiten kannten die Menschen kein Feuer. Sie aßen alle Speisen ungekocht.

Nur ein einziges Wesen verfügte über das Feuer, das war Kawao, die Frau des Jaguars. Aber sie wahrte ihr Geheimnis und barg die Glut im Innern ihres Leibes. Nicht einmal Manuwa, ihr Mann, wußte davon.

Kawao besaß nicht nur das Feuer, sie verstand auch, es zu nutzen und schmackhafte Speisen zuzubereiten. Sie kochte und röstete Yucca und Fleisch. Das geschah so, daß sie ihr Maul öffnete und die Flammen aus ihrem Innern unter die Töpfe blies. Waren die Speisen gar, verschluckte sie das Feuer wieder. Wenn ihr Mann heimkam, stand das Mahl bereit.

Der Jaguar machte sich darüber weiter keine Gedanken. Er fragte wohl einmal: „Wie bringst du das nur zustande, daß das Essen so gut schmeckt?" Wenn sie dann antwortete: „Mit der Sonnenwärme", war er's zufrieden.

Die beiden Fischeier, die Kawao am Flußufer gefunden und mitgenommen hatte, verwahrte sie bei dem Herd, den sie sich heimlich abseits der Hütte gebaut hatte. Nach kurzer Zeit schon sprangen sie auf; es kamen aber keine Fische zum Vorschein, sondern zwei junge Menschen. Der größere von ihnen hieß Shikiemona, der kleinere Iureke.

Gleich nach der Geburt wuchsen sie zu stattlichen Burschen heran, die sofort sprechen, gehen und essen konnten. Sie waren zwar die Brüder der Fische, sahen aber aus wie andere Menschen auch, und Kawao nahm sie als ihre eigenen Kinder an.

„Ich bin eure Mutter", sagte sie und verschwieg ihnen das schwere Los ihrer wirklichen Mutter, an dem der Jaguar, ihr Mann, und sie selbst mitschuldig waren.

Shikiemona und Iureke waren ungestüm und sehr lebhaft; sie rannten überall herum, machten beim Spielen großen Lärm und balgten sich gern. Sie stellten Fragen über Fragen. Es kam hinzu, daß sie nach Belieben ihre Gestalt ändern und bald als Fische, bald als Laufkäfer oder als Grillen erscheinen konnten. Dann neckten und verspotteten sie Kawao, trieben Schabernack mit ihr und gehorchten ihr nicht. Vor allem aber zeigten sie eine starke Neigung, im Fluß zu schwimmen.

„Das ist gar nicht gut", meinte Manuwa. „Die Fische könnten mit ihnen sprechen und den beiden die Wahrheit über ihre Herkunft offenbaren."

„Du hast recht", entgegnete Kawao. „Ich werde verhindern, daß sie sich weiterhin dort aufhalten."

Als die Kinder wiederkamen, sagte sie zu ihnen: „Ich möchte nicht, daß ihr am Fluß spielt."

Das versprachen die zwei; dann begehrten sie zu essen.

„Geht noch ein wenig ins Freie", erwiderte die Alte. „Ich muß allein sein, wenn ich die Speisen zubereite."

Die Kinder sagten nichts, sie blieben aber in der Hütte.

„Wir möchten zusehen, wenn du das Essen gar machst", erklärten sie.

„Ihr wißt doch, daß es mit der Wärme der Sonne geschieht", entgegnete sie unwirsch.

„Das kann nicht gut sein", antwortete Iureke. „Die Sonnenwärme reicht dazu nicht aus."

„Wenn ihr mir nicht glaubt, bekommt ihr heute überhaupt nichts!“ Ungehalten schob die Frau sie zur Tür hinaus. Doch sie kamen von hinten ins Haus zurück.

„Gib uns doch wenigstens ein paar Maisfladen“, baten sie. Aber Kawao drohte ihnen mit einem Stock und jagte sie fort.

Da gingen sie wieder zum Fluß hinab. Unterwegs sprach Shikiemona zu seinem Bruder: „Sie liebt uns nicht, sonst könnte sie nicht so mit uns umgehen. Wir bleiben nicht länger da. Wir kommen einfach nicht wieder.“ Und Iureke stimmte ihm zu.

Im Wasser mischten sie sich unter die Fische und schwammen mit ihnen herum. Dabei kamen sie auf den Grund des Flusses und fanden dort ein großes Haus. Sie riefen nach dem Besitzer, aber niemand antwortete. So traten sie ein und gingen von Gemach zu Gemach.

„Was für ein schönes Haus das ist“, sagte bewundernd der Größere. Und der andere meinte: „Es kommt mir irgendwie bekannt vor.“

In einem Raum hingen zwei Hängematten, in die legten sie sich und schliefen schnell ein. Da erschien ihnen im Traum Huiio, die große Wasserschlange.

Sie sprach zu ihnen: „Dies ist mein Haus. Es ist auch euer Haus. Ich bin nämlich eure Mutter. Man hat euch betrogen. Kawao, der Frosch, ist nicht eure Mutter und Manuwa, der Jaguar, nicht euer Vater. Beide haben mich zusammen mit anderen gejagt und mein Blut getrunken. Jetzt lebe ich in einem See über den Wolken und kann nur noch im Traum mit euch sprechen. Hütet euch vor dem Jaguar! Er will euch fressen.“

Das träumte den beiden. Als sie aufwachten und sich in

dem Haus umschauten, fanden sie eine Kalebasse, die eine fettige schwarze Masse enthielt. Das war eben jene Farbe, mit der sich ihre Mutter, als sie noch Frímene war, bemalt und im nächtlichen Ringen ihren Bruder, den Mond, damit gezeichnet hatte. Nun schmückten sich ihre Kinder damit. Bald legten sie sich wieder nieder und schliefen erneut ein. Da erschien Huiio ihnen abermals und sprach: „Mit jener schwarzen Farbe habe ich meine Haut bemalt. Wenn ihr sie ausgießt, werden die Flüsse über die Ufer treten, und ihre Wasser werden jene töten, die meinen Tod verursachten."

Als die beiden aufgewacht waren, sagte der Größere: „Eines Tages kommen wir wieder, rächen unsere Mutter und überschwemmen die Erde. Im Augenblick aber wollen wir uns zu unserem Schutz ruhig verhalten und so tun, als ob wir nichts wüßten."

Gemeinsam schwammen sie zu ihrer Landestelle zurück. Unterwegs schlug der Kleine vor, zum Jaguar zurückzugehen.

„Er und Kawao sind nicht unsere Eltern", sagte er. „Übel haben sie uns getäuscht. Wir werden sie strafen, weil sie mitschuldig sind am Tod unserer Mutter."

Sie kamen zu einem Wasserfall. Nahebei stand ein mächtiger Baum, auf dem viele Webervögel ihre Nester hatten. Aus einem der Nester schaute der Vater der Webervögel heraus. Iureke fragte ihn: „Du lebst doch schon so lange hier am Wasser. Sag mir bitte, wie haben die Leute Huiio, die Mutter der Flüsse, getötet?"

Da sang der Vogel: „Tiwa-tiwa!"

„Was sagst du da?"

„Tiwa-tiwa!" sangen nun alle Webervögel.

„Ich verstehe eure Sprache nicht", klagte Iureke.

„Tiwa-tiwa bedeutet: mit Pfeilen", rief der Vater der Webervögel.

So erfuhren die beiden, auf welche Weise ihre Mutter umgebracht worden war.

Als sie wieder beim Haus des Jaguars anlangten, traten sie nicht sogleich ein, sondern schlichen zur Tür und lauschten.

Drinnen sagte Kawao gerade zum Jaguar: „Sie sind im Fluß untergetaucht. Sie gehorchen mir einfach nicht."

„Sie sind nun groß", entgegnete ihr Manuwa. „Wenn sie die Wahrheit erfahren, werden sie uns umbringen. Wir sollten sie gleich töten, wenn sie heimkommen."

Nach einer Weile fuhr er fort: „Mach aus ihnen eine gute Suppe, Frau! Ich hole Baumasche, um das Fleisch damit zu würzen. Wenn ich wiederkomme, werde ich sehr hungrig sein."

Als der Jaguar fort war, traten Iureke und Shikiemona ein. Sie hatten alles mit angehört und gaben sich arglos.

„Da sind wir wieder", sagte Iureke. „Wir kommen vom Schwimmen und haben großen Hunger. Wo ist das Essen?"

„Es gibt nichts. Ihr wart ungehorsam!" zankte die Frau, prügelte sie und jagte sie aus dem Haus.

Aber Iureke kehrte heimlich zurück und verbarg sich in einem Winkel.

Die Alte machte sich nun daran, Maisbrot zu backen. Sie mahlte die Maiskörner auf einem Stein. Dabei schaute sie sich in der Hütte um und entdeckte den Jungen in seinem Versteck.

„Hab Mitleid mit mir!" jammerte Iureke. „Als du mich vorhin schlugst, hast du meine Augen getroffen. Sie sind geschwollen, und ich kann nichts mehr sehen."

„Meinetwegen bleib da!“ erwiderte Kawao. „Aber wage nicht, mir zuzuschauen! Dreh dich zur Wand um!“

Das tat Iureke, doch verstohlen blinzelte er und bemerkte, wie die Frau das Feuer aus ihrem Innern hervorholte.

Als das Maisbrot gebacken war, schlich der Junge davon. Draußen erwartete ihn sein Bruder. Iureke erzählte ihm, was er gesehen und erlebt hatte.

„Es glitzert und funkelt und ist so schön wie die Sonne“, schloß er begeistert seinen Bericht.

„Komm mit! Wir wollen es ihr wegnehmen!“ forderte Shikiemona ihn auf, und sie kehrten in die Hütte zurück.

Die Frau des Jaguars ergriff Shikiemona bei der Hand und sagte: „Dein Haar ist zu lang gewachsen. Setz dich! Ich will es dir abschneiden.“ In Wirklichkeit aber hatte sie vor, ihn zu töten.

Aber da fielen die beiden über sie her, warfen sie zu Boden und kneteten ihren Leib.

„Übergib dich! Brich alles aus, was in dir ist!“

Kawao begann zu husten und zu würgen, sie verschluckte sich und war dem Ersticken nah. Shikiemona und Iureke preßten und drückten sie, um an das Feuer zu gelangen. Aber es blieb ihr im Hals stecken und bildete dort einen dicken Wulst. Deshalb haben die Frösche heute noch so dicke Blasen an der Kehle.

„Spuck es aus! Gib es von dir!“ redeten sie auf sie ein. Aber es ging nicht.

Da schnitt Shikiemona ihr den Hals auf. Nun brach das Feuer hervor und rollte wie ein Ball über den Boden. Iureke nahm es, um es ins Freie zu tragen.

Plötzlich hörten sie Manuwa kommen. Vor ihm hatten sie Angst, und sie wollten fliehen. Doch wohin mit dem Feuer?

Iureke hatte einen guten Gedanken. Er flüchtete mit dem Feuerball durch die hintere Tür. Dort stützten zwei dicke Pfähle das Haus. Der eine wurde Wishu, der andere Kumnuatte genannt. Geschwind höhlten sie die Pfähle aus und versteckten in jedem die Hälfte des Feuers. Dann machten sie sich eilends davon.

Fortan rieben die Yekuana, wenn sie Feuer brauchten, zwei Hölzer aneinander, Wishu und Kumnuatte. Sie enthalten noch immer die Glut, die Iureke und Shikiemona einst der Frau des Jaguars raubten.

Der Tapir und der Jaguar

Nachdem die ersten Bäume und Pflanzen auf die Erde gekommen waren, litten die Menschen nicht mehr so bittere Not. Sie konnten sich nun von den Früchten ernähren. Aber noch immer hatten sie nicht gelernt, das Land zu bebauen, zu säen und zu ernten.

Da kam eines Tages einer, der hieß Semenia. Er war der Vater der Vögel, und er lehrte die Menschen, wie man die Erde umbricht und den Samen ausstreut. Vor allem aber sagte er ihnen, daß alle gemeinsam zu Werke gehen müßten, wenn eine gute Ernte eingebracht werden sollte. Die meisten Leute waren mit Freude bei der Arbeit, doch einige verrichteten ihr Tagewerk lustlos und unmutig; der Tapir und der Jaguar weigerten sich sogar, mitzuhelfen.

Dagegen setzte sich der Vater der Vögel zur Wehr, und er hatte alle Gutwilligen auf seiner Seite.

Kleinlaut stellten sich die beiden, als ob sie ihren Sinn geändert hätten, aber unter ihren Händen kam nichts zustande. Im Gegenteil – sie störten durch ihre Unlust die andern beim Graben und Pflanzen.

Da entschloß sich Semenia, sie fortzuschicken.

„Wir haben hier nicht genug Wasser", sagte er zu ihnen. „Geht hinauf zum Kashishare, dem See, den einst Dariche, der große Mauersegler, geschaffen hat, und bringt Wasser herbei, die Felder zu begießen!"

Gemächlich machten sich die beiden auf den Weg. Semenia

aber hatte ihnen statt eines Gefäßes ein Sieb mitgegeben, damit sie möglichst lange wegblieben.

Weil auf den Äckern die Saat zu wachsen begann, feierten die Dorfbewohner ein Fest. So viele bunte Vögel kamen zu Besuch, daß die ganze Luft blau, rot, gelb und grün schillerte. Auch die große Schlange Huiio, die Mutter des Wassers, die damals noch im Orinoko lebte, kroch aus dem Fluß heraus und feierte mit ihnen. Sie trug eine Krone aus vielen bunten Federn auf dem Haupt.

Indessen hatten der Tapir und der Jaguar auf ihrer Wanderung zum See Kashishare einen hohen Berg erklommen. Da hörten sie Musik aus ihrem Dorf und schlossen daraus, daß dort ein Fest stattfand.

„Semenia hat uns in böser Absicht weggeschickt", sagte der Jaguar ergrimmt. „Wir sollen Wasser in diesem Sieb holen. Aber das geht doch gar nicht. Das ist Betrug! Inzwischen haben sie vielleicht sogar den Weltenbaum gefällt und tun sich an den Früchten gütlich. Semenia wollte uns nichts davon abgeben."

Der Tapir stimmte ihm zu.

„So ist es. Es macht mich traurig, von weitem zu hören, wie die andern feiern, und nicht dabeizusein."

Was der Jaguar befürchtete, sollte tatsächlich geschehen. Semenia wollte den Weltenbaum fällen. Er, der Herr der Vögel, bot alle Spechte in seinem Reich auf. Sie hackten und hämmerten so lange, bis der mächtige Baum umsank. Zu jener Stunde befanden sich Tapir und Jaguar gerade an dem See Kashishare. Sie wollten auf alle Fälle mit Wasser zurückkommen; denn sie fürchteten sich vor der Macht und dem Zorn Semenias.

Als nun der Baum mit furchtbarem Donnergepolter um-

gefallen war, begann es auf einmal zu regnen. Es war das erstemal, daß Regentropfen auf die Erde fielen.

„Was ist denn das? Was hat das zu bedeuten?“ fragte der Tapir erstaunt seinen Begleiter.

„Laufen wir hin!“ knurrte der Jaguar.

So, wie sie wollten, kamen sie jetzt aber nicht mehr vorwärts; denn durch den Regen hatte sich die Gegend verändert. Es gab viele Bäume und Sträucher und eine Menge Gestrüpp mit Dornen und Stacheln. Auf dem Hinweg hatte sie noch nichts am Gehen gehindert. Nun aber versperrte dichter Wald ihren Weg. Sie fanden sich nicht mehr zurecht, sahen nur noch Bäume und Bäume, sonst nichts.

Langsam tasteten sie sich voran. Da gelangten sie an einen Fluß.

„Wie kommen wir auf die andere Seite?“ fragte der Jaguar.

„Wir müssen schwimmen“, antwortete der Tapir, stieg ins Wasser und versuchte es. Da er es konnte, überquerten beide den Fluß und später noch viele andere. So kamen sie ihrem Dorf immer näher. Schon hörten sie wieder die Musik, vor allem die Töne der Flöten, die aus Knochen gemacht waren, aber auch Gesang und Schreie, wie man sie beim Tanzen ausstößt. Da erkletterten sie einen hohen Baum und schauten hinüber zu den fröhlichen Menschen.

„Beeilen wir uns, endlich nach Hause zu kommen“, sagte der Jaguar.

Aber der Tapir hielt ihm entgegen: „Was hab ich für einen Hunger! Laß uns erst ein paar Blätter essen!“

Ohne weitere Worte zu verlieren, fing er damit an. Fortan blieb er im Wald und fraß nur noch Zweige und Laub. Er wurde der Großvater aller Tapire, und sein Stamm vermehrte sich stark. Seit jener Zeit jagen wir den Tapir und lassen uns sein Fleisch munden.

Der Jaguar aber schüttelte sich und sagte: „Blätter und Zweige mag ich nicht. Ich werde Menschen fressen.“

In diesem Augenblick wurde er zum Raubtier und fiel die Menschen an, um sich an ihnen zu rächen. Er war der Urvater aller Jaguare; und alle seine Nachkommen sind böse.

Wie die Stromschnellen im Rio Guaviare entstanden

In den oberen Orinoko mündet, von Westen kommend, der Fluß Guaviare. An seinen Ufern und in den Wäldern lebt dort der Indianerstamm der Piapoco. Oft fahren die Männer zum Fischfang aus. Dabei kommen sie an die großen Stromschnellen des Flusses, von deren Entstehung sie die folgende Geschichte erzählen.

In alten Zeiten hatte ein böser Geist die Welt in seiner Gewalt. Er haßte die Menschen und wollte, daß sie verhungerten. Deshalb sammelte er alle Fische aus den Flüssen und sperrte sie in ein großes Becken, das er argwöhnisch bewachte. Nun fand kein Mensch mehr Nahrung in den Wassern. Der böse Geist aber verspeiste jeden Morgen eine Menge Fische.

Da kam bittere Not über die Piapoco. Einer klagte dem anderen sein Leid, aber keiner wußte Abhilfe. Endlich meldete sich ein beherzter Mann und sagte: „Ich will versuchen, dem Geist die Fische zu entführen." Er machte sich auch sogleich auf den Weg.

Dem Bösen erschien das Wasserbecken, in dem er seine Beute gefangenhielt, nicht sicher genug. Deshalb sann er darauf, die Fische in eine entferntere Gegend zu bringen. Er baute ein großes Boot, um sie darin zu befördern.

Just zu dieser Zeit kam der beherzte Piapoco bei dem Becken an. Er beobachtete den Geist bei seinem Werk und durchschaute bald dessen Plan. In einem günstigen Augenblick, als der andere im Wald verschwunden war, um Palmblätter für das Bootsdach, zum Schutz gegen die sengende Sonne, abzuschlagen, trat der Mann zu dem Nachen. Er sah, daß die meisten Fische sich schon darin befanden, und kippte ihn einfach um. Da schwammen die Fische davon. Einzeln und in Gruppen suchten sie das Weite.

Als der Geist aus dem Wald zurückkam und sah, was geschehen war, ließ er die Palmwedel fallen und lief den Fischen hinterdrein. Viele fing er wieder ein, andere tötete er, indem er sie aufspießte. Aber alle konnte er nicht mehr erreichen. Sie waren schon zu weit entfernt. Deshalb gibt es heute noch Flüsse mit wenigen Fischen und andere, in denen sie in Mengen herumwimmeln.

Der Piapoco hatte inzwischen die Flucht ergriffen; aber der Böse erspähte ihn und setzte ihm in großen Sprüngen nach. Bei ihrem Lauf gelangten sie zu dem hohen Berg, der den Urwald überragt und Mapiripán heißt. Flink wie ein Hirsch lief der Mann an seinen steilen Flanken empor. Er hoffte, den gefährlichen Verfolger hier abschütteln zu können. Der aber stampfte so stark mit den Füßen auf, daß in der felsigen Berglehne gewaltige Stufen entstanden, wie eine riesige Treppe. Man kann sie heute noch sehen.

Den Menschen befiel große Angst. Er kletterte auf einen Baum und sprang von Wipfel zu Wipfel weiter. Zwar vergrößerte sich dabei der Abstand zwischen ihm und dem Geist, doch der Böse folgte ihm immer noch.

Schließlich erreichte der Mann den Fluß Teviari, der in den Inirida mündet, einen der Nebenflüsse des Orinoko. Hier hatte er schon zuvor einen Graben ausgehoben und mit Wasser gefüllt, um die Fische darin unterzubringen.

An dieser Stelle holte der Geist ihn ein. Er durchbohrte ihn mit seiner Lanze und heftete ihn am Ufer des Rio Guaviare fest, wo er zu Stein wurde. Auch die ganze Habe des Piapoco schleppte der Unhold dorthin und warf sie ins Wasser. So entstanden die Stromschnellen.

In der Trockenzeit, bei niedrigem Wasserstand, kann man heute noch den Mann aus Stein sehen.

Wie sich die Warao mit den Karaiben verfeindeten

Seit Menschengedenken leben die Warao-Indianer am unteren Orinoko, wo der große Strom ein riesiges Delta mit unzähligen Wasserarmen bildet. Dort gibt es neben dem fließenden Wasser auch zahlreiche Lagunen. Viele von ihnen sind versumpft; eine aber hatte wunderbar klares Wasser und wurde deswegen von den nahebei wohnenden Menschen verehrt.

Eines Tages näherte sich das Waraomädchen Korobona singend dem See, um sich an dessen Schönheit zu ergötzen. Da sah sie auf der Oberfläche des Wassers etwas schwimmen, das wie eine große Samenkapsel aussah. Was mag das sein, dachte sie und wollte schon ins Wasser steigen, um den Gegenstand genauer in Augenschein zu nehmen. Doch fiel ihr die Mahnung ihrer Brüder ein, die gesagt hatten: „Bade nicht in dem See! Es ist gefährlich."

„Warum sollte ich nicht in diesem wunderbar klaren Wasser schwimmen!" sagte Korobona nach kurzem Nachdenken. „Was kann mir schon passieren!" Kurz entschlossen entkleidete sie sich und stieg in die Flut.

Die Brüder aber hatten sie nicht zu Unrecht gewarnt; denn auf dem Grunde des Sees lebte ein böser Wassermann, der sich in jede beliebige Gestalt verwandeln konnte. An diesem Tag war er eine Seeschlange, die träge im Wasser dahinglitt. Nur ihr Kopf schaute heraus. Das war jener Gegenstand, den das Mädchen gesehen hatte.

Als Korobona nun in seine Nähe kam, ergriff sie der Wassermann und sagte: „Waraomädchen, du bist sehr schön. Komm mit mir in mein Haus! Du sollst meine Frau werden!“

Da half kein Sträuben und kein Rufen. Sie mußte hinunter auf den Grund des Sees.

Lange danach kam sie ernst und traurig wieder an Land und ging zu ihren Brüdern zurück. Aber sie erzählte ihnen nicht, was vorgefallen war. Als sie später merkte, daß sie Mutter werden sollte, zog sie sich in die Einsamkeit der Wälder zurück. Dort gebar sie einen Knaben und versteckte ihn. Sie fürchtete, ihre Brüder möchten ihn, den Sohn des Wassermannes, töten, wenn sie davon erführen.

Jeden Tag suchte sie ihr Kind heimlich auf, um ihm Nahrung zu geben. Das ging lange Zeit gut, bis eines Tages ein Jäger aus dem Dorf, der in jener Gegend den Wald durchstreifte, das Kind weinen hörte. Als die Brüder davon erfuhren, vermuteten sie, es könnte mit dem seltsamen Verhalten ihrer Schwester zu tun haben. Sie folgten ihren Spuren und gelangten zu dem Versteck.

Dort erblickten sie das Kind, das halb Mensch, halb Wassermann war, und töteten es durch einen Pfeilschuß. Ihre Schwester schrie laut auf vor Entsetzen. Aber die Brüder wandten sich zu den anderen Leuten aus dem Dorf, die ihnen gefolgt waren, und sagten: „Kümmert euch nicht um diese Wahnsinnige!“

Da gingen sie alle ins Dorf zurück und ließen die arme Frau allein.

Sie hob eine Grube aus und bereitete dem toten Kind ein Grab. Unter ihren liebevollen Händen aber kehrte das Leben zurück. Der Knabe richtete sich auf und begann wieder zu atmen.

Viel schneller als andere Kinder wuchs er nun heran. Er verbarg sich tagsüber in einem hohlen Baum und verließ ihn nur, wenn er seine Mutter erspähte, die ihm Nahrung brachte. Dann saßen die zwei beisammen, plauderten und vergaßen darüber ihre Sorgen.

Eines Tages aber kamen die Brüder auch hinter dieses Geheimnis. Sie richteten Pfeile her.

„Was wollt ihr mit den Pfeilen?" fragte Korobona voll böser Ahnung. Sie antworteten ausweichend. Da lief sie fort, um ihr Kind zu schützen.

Die Brüder folgten ihr. Als sie das neue Versteck erreichten, stellte sich die Mutter schützend vor ihren Sohn.

Dennoch trafen sie mit ihren Pfeilen und töteten den Knaben.

Da raste Korobona. Sie verfluchte die Brüder ob ihrer Grausamkeit und schrie: „Ihr gemeinen Mörder! Das Unglück wird über euch kommen, aber durch eure Schuld! Ich werde nicht von dieser Stelle weichen. Sie ist mit dem Blut eines Unschuldigen getränkt, hier soll mein geliebtes Kind begraben sein. Wehe dem Stamm der Warao!"

Korobona blieb in dem Wald und bewachte das Grab des Knaben. Täglich legte sie grüne Zweige und bunte Blumen darauf, deren Duft die Aasgeier fernhielt.

Eines Tages vernahm sie eine Stimme, die sagte: „Mutter, hör auf zu klagen! Dein Sohn wird zu neuem Leben erwachen und die Untat rächen."

Bald darauf bewegte sich die Erde. Aus dem Grab stand eine mächtige Gestalt auf, ein starker Mann mit vollkommenen, gesunden Gliedern. Er war bewaffnet und ein Schrecken für seine Gegner. Ein schwere Keule hielt er in der einen, Pfeile und Bogen in der anderen Hand. Weiße Daunenfedern schmückten sein tiefschwarzes Haar. Seine Haut glänzte wie Kupfer.

Das war der erste Karaibe, der Urvater der gefürchteten Krieger dieses Stammes. Er brach auf, seine Feinde zu strafen.

Die Brüder erbleichten, als sie ihn kommen sahen. Sie riefen andere zu Hilfe, aber nur wenige folgten dem Ruf. Wer den Kampf gegen den Mächtigen aufnahm, sank unter seinen Keulenhieben zu Boden. Die Pfeile, die auf ihn abgeschossen wurden, trafen ihn nicht. Da flohen auch die letzten Warao in die entferntesten Winkel des Deltas.

Der große Krieger zeugte mit ihren Frauen ein neues Volk, das der Karaiben. So erwuchs dem Stamm sein gefürchtetster Feind aus dem Schoß einer Frau, die selbst zu den Warao gehörte.

Die Söhne der Sonne

Eine Frau vom Stamm der Kariña, die Nachbarn der Warao sind, hatte Vedu, den Sonnenmann, geliebt und erwartete nun ein Kind von ihm. Er aber war fortgegangen.

„Ich kehre in mein Haus zurück“, hatte er beim Abschied gesagt.

„Wo ist dein Haus?“

„Dort verläuft der Weg.“ Er wies die Richtung mit dem ausgestreckten Arm. „Dann aber gabelt er sich in zwei Straßen. Die zu mir führt, ist durch eine rote Feder gekennzeichnet, die andere, auf der die schlechten Menschen wandeln, durch eine schwarze Feder. Irre dich nicht, wenn du dorthin kommst!“ Das hatte Vedu gesagt, ehe er davonzog.

Die Frau trug zwei Knaben in ihrem Leib. Sie waren noch nicht geboren, konnten aber schon mit ihr sprechen. Einer von ihnen sagte: „Mutter, laß uns zum Haus unseres Vaters gehen! Ich möchte es kennenlernen.“ Der andere stimmte ihm zu.

„Wir können nicht gehen“, antwortete die Mutter. „Ich erinnere mich nicht mehr, wie Vedu mir den Weg beschrieben hat.“

„Laß gut sein! Wir haben es uns gemerkt“, entgegneten die beiden. „Wir werden dich führen.“

Dann brachen sie auf. Unterwegs baten die Kinder: „Pflück doch diese Blume da für unseren Vater!“ Und als die Frau sie gepflückt hatte, forderten sie mehr und mehr: „Die auch – und die da drüben!“ Die Mutter holte sie alle; dabei glitt sie auf einmal aus und fiel hin.

„Ihr seid schuld!“ zankte sie und schlug, um die Kinder zu strafen, auf ihren Leib. Da waren sie still.

Bald darauf gelangte die Frau zu der Gabelung des Weges und sah an einer Seite eine rote, an der andern eine schwarze Feder stecken. Sie wußte aber nicht mehr, wohin sie sich wenden sollte.

„Welcher von beiden ist der richtige Weg?“ fragte sie. Aber die Kinder schwiegen trotzig, und die Mutter ging in die falsche Richtung.

Bald darauf kam sie zu einer Hütte, in der wohnte eine alte Frau. Sie war fast blind und nannte sich Tarunmio. Diese Alte fraß Menschen. Die Mutter trat unbekümmert unter das Dach, ließ sich am Feuer nieder und aß die Maisfladen, die sie mitgebracht hatte. Dann nickte sie ein.

Als sie fest eingeschlafen war, fiel die Alte über sie her. Da sie die Kinder in ihrem Leib fand, sagte sie: „Ich will mich euer annehmen.“ Sie legte die Kleinen in eine Schale, die sie mit Baumwolle ausstopfte, damit sie nicht froren. Da wuchsen sie schnell heran. In ein paar Augenblicken schon waren sie groß.

„Ihr könnt mir etwas zu essen besorgen, meine Söhne“, sagte Tarunmio, gab jedem Pfeile und Bogen und trug ihnen auf, bunte Vögel zu schießen. Bald darauf kamen sie mit Beute zurück. Die Alte nahm die Vögel aus, briet sie, aß sie und ließ nichts übrig als die Knöchelchen.

Am nächsten Tag zogen die Zwillinge wieder auf Jagd aus und brachten abermals viele Vögel heim. Wieder aß die Alte alles allein auf.

„Wir haben großen Hunger“, sagten die Kinder.

Da gab sie ihnen Fladen aus Mais.

So ging es viele Tage. Von der Jagdbeute bekamen sie nichts ab; dafür erhielten sie Maisfladen.

„Woher nimmt sie nur den Mais für die Fladen? Sie hat ja keinen Acker“, sagte der eine der Knaben.

„Das ist wirklich sonderbar“, entgegnete der andere.

„Wir wollen versuchen, hinter das Geheimnis zu kommen“, sprachen sie und zogen erneut auf die Jagd. Diesmal aber kehrten sie früher als gewöhnlich zurück und näherten sich vorsichtig der Hütte. Die Alte war nicht zu sehen, wohl aber ein riesengroßer Frosch, in den sie sich verwandelt hatte.

Der Frosch war auf seinem Rücken mit einem hellen Fleck gezeichnet, daraus troff eine milchige Flüssigkeit. Die mischte

Tarunmio mit Schmutz und kochte daraus den Brei, aus dem sie dann Fladen formte.

„Gut, daß wir das wissen", sagten die Knaben zueinander. „Keinen Bissen werden wir mehr anrühren."

An diesem Tag sahen sie nur einen einzigen Vogel mit buntem Gefieder. Sie vefolgten ihn. Da begann er zu reden.

„Tötet mich nicht!" sagte er. „Ich will euch ein Geheimnis verraten."

„Was für ein Geheimnis?"

„Euer Vater ist die Sonne. Tarunmio ist nicht eure Mutter. Sie hat eure richtige Mutter umgebracht und will auch euch töten und aufessen. Seid auf eurer Hut!"

Da kehrten die Knaben in die Hütte zurück. Sie sagten zu der Alten: „Wir wollen einen Acker roden und mit Mais bestellen. Das lockt die Vögel an. Dann legen wir uns auf die Lauer, und keiner wird uns entkommen. Begleite uns, sing uns bei der Arbeit ein Lied!"

Das tat Tarunmio. Während die beiden rodeten und das Unterholz abbrannten, sang die Alte. Aber der Gesang wurde immer mehr zu einem Quaken, bis sie vollends zum Frosch geworden war. Das Feuer griff mit gierigen Zungen nach ihr und fraß sie auf.

Die Zwillinge aber stiegen als Sterne zum Himmel empor, um ihrem Vater nahe zu sein.

Die schlechten Ratschläge des Sekurut

Am Anfang aller Dinge war die Halbinsel Guajira eine Wüste aus Steinen und Sand. Es gab dort keine Tiere und außer Moosen und Flechten keine Pflanzen. Einzig der Wind und die nackten Berge waren da.

Die ersten Menschen, die Maleiwa geschaffen hatte, die Guajiro, lebten furchtsam zwischen Steinen, nur notdürftig geborgen vor dem über die Erde hinfegenden Wind. Dann sagte Maleiwa eines Tages zu ihnen: „Ich will euch einen schönen Garten einrichten, damit ihr glücklich und zufrieden seid und nicht mehr um euer Leben zu bangen braucht. Dann habt ihr genug zu essen, und wenn euch dürstet, könnt ihr klares Quellwasser trinken. Aber hütet euch vor den kriechenden Gewächsen, die der böse Geist Wanuluu verzaubert hat!“ Dann ging er von dannen, um alles gründlich vorzubereiten. In seiner Abwesenheit aber litten die Menschen weiterhin unter Hunger und Durst.

Einer der Guajiro, Sekurut genannt, wußte, wo es etwas zu essen gab. Er sagte jedoch seinen Leuten nichts davon. Es war auch nicht leicht, dorthin zu gelangen. Jeden Morgen begab er sich auf die andere Seite der großen Meeresbucht, blieb den Tag über da und kehrte abends satt und vergnügt zurück.

„Wie kommt es, daß du einen so vollen Bauch hast, während wir alle hungern?“ fragten ihn die Leute. „Wovon ernährst du dich?“

Sekurut aber wahrte sein Geheimnis und antwortete nicht mehr als: „Je-je-je."

Als die anderen aber weiter in ihn drangen, sagte er schließlich, um sie loszuwerden: „Ich esse Lehm und Ton. Das ist eine sehr schmackhafte Speise."

Die Guajiro glaubten ihm. Um ihren Hunger zu stillen, aßen sie Erde, bis ihnen übel wurde.

Als Sekurut sah, wie elend sie waren, fragte er spöttisch: „Warum habt ihr so eingefallene Wangen?"

Sie antworteten: „Wir haben Lehm gegessen, aber er ist uns nicht bekommen."

Sekurut schüttelte den Kopf, sagte „Je-je-je" und fügte spöttisch hinzu: „Macht damit Schluß. Ab morgen eßt ihr Läuse. Ich bevorzuge die dicke Sorte." Damit ging er davon.

Bei seiner Rückkehr fand er die Leute noch elender und kränker als zuvor.

„Warum seid ihr so schlapp und mager?" fragte er.

„Was du uns als Speise empfohlen hast, ist uns nicht bekommen", gaben sie zur Antwort.

Da riet ihnen der Bösewicht: „Dann geht ihr am besten morgen ans Meer und eßt das Salz, das sich in den ausgetrockneten Lagunen abgesetzt hat. Ihr werdet sehen, wie schön dick ihr davon werdet!"

Am nächsten Tag aßen sie eine Menge von dem Salz. Dadurch wurde ihre Haut spröde und juckte, so daß sie die Kleider nicht mehr auf dem Leib vertragen konnten.

„Warum habt ihr eine so rote Haut?" fragte Sekurut. „Und wieso ist das Weiße in euren Augen gelb geworden? Hat man euch gar vergiftet?"

„Wir wissen es nicht", antworteten sie.

„Nun, dann rate ich euch, morgen auf den Hügel hinauf zu gehen. Trinkt in vollen Zügen den frischen Wind, der dort weht! Ihr werdet sehen, das hilft gegen die Blässe!“

Die Guajiro stiegen auf den Berg, öffneten den Mund und sogen so viel Luft ein, wie sie nur konnten. Da wurden ihre Bäuche dick wie Fässer, und die Därme waren prall von Luft und schmerzten.

Als Sekurut ihre Verzweiflung sah, sagte er: „Eure Gesichter sind von Sorge um das lange Ausbleiben des Großvaters Maleiwa gezeichnet. Das ist nicht gut. Fröhlich solltet ihr ihn erwarten! Trinkt diesen Saft; er macht euch heiter.“ Arglistig reichte er ihnen ein Getränk aus den stacheligen Gewächsen, die der böse Geist Wanuluu vergiftet hatte.

Die Guajiro zogen sich in ihre Höhlen zurück und tranken. Da veränderte sich ihr Wesen.

Sie wurden grob, roh und streitsüchtig, lachten gellend und wälzten sich am Boden.

Als Maleiwa zurückkam, brachte er eine Menge nützlicher Pflanzen und Tiere mit, die er inzwischen geschaffen hatte. Als er die Guajiro sah, erschrak er.

„Warum benehmt ihr euch so sonderbar? Wie kommt es, daß ihr so geschwollene Bäuche habt?“

Sie antworteten: „Wir haben Lehm gegessen und können unsere Därme nicht entleeren.“

Da gab er ihnen ein Mittel, das ihnen half, den Lehm loszuwerden. Dann fragte er: „Und warum seht ihr so elend aus?“

„Wir wissen es nicht“, bekam er zur Antwort. „Vielleicht liegt es an den Läusen; die sind uns nicht bekommen.“

Entsetzt fragte Maleiwa weiter: „Was ist das für ein sonderbarer Geruch, der euren Körpern entströmt?“

„Er mag von dem Salz herrühren, das wir gegessen haben.“

„Salz? – Dann kann ich verstehen, daß eure Haut unangenehm riecht.“

„Ja, und dann haben wir droben auf dem Berg Wind getrunken, bis uns übel wurde.“

„Wind trinken? Seid ihr von Sinnen? Die Luft ist zum Atmen da!“ Und er befreite sie von der Luft in ihren Körpern.

„Aber sagt mir nur, wie es kam, daß ihr eurer Sinne nicht mehr mächtig wart, als ich kam?“

„Wir haben einen Saft getrunken. Damit fing es an.“

„Wer in aller Welt hat mit euch solchen gefährlichen Unsinn getrieben? Wer gab euch den Saft einer kriechenden Pflanze zu trinken?“

„Sekurut hat uns all das angetan. Er gab uns auch den Saft.“

Kurz darauf kehrte Sekurut von seinem Ausflug auf die andere Seite der großen Meeresbucht zurück. Da fragte ihn Maleiwa: „Was hast du gegessen, daß du so wohlgenährt bist, während deine Stammesgenossen elend und abgehärmt aussehen?“

Verlegen antwortete Sekurut: „Je-je-je.“ Aber Maleiwa ließ sich nicht ablenken, und als Sekurut beharrlich schwieg, versetzte er ihm einen solchen Schlag, daß er sich übergeben mußte. Da kamen unzählige schwarze Samenkörner zum Vorschein. Sie zerstreuten sich sogleich weit über die Erde. Das waren die Samen von Disteln, die jetzt massenhaft in den Trockensteppen des Landes wachsen. Sekurut hat sie von der anderen Seite der Meeresbucht herübergebracht.

Seitdem hatten die Guajiro die guten Früchte zu ihrer

Ernährung. Aber sie mußten sich auch mit den Disteln abplagen.

Zur Strafe für seine Missetaten verwandelte Maleiwa den Sekurut in einen Specht, der auf morschen Bäumen leben muß. Nie mehr kann er über die große Meeresbucht auf die andere Seite gelangen. Von weitem schon läßt er sein „Je-je-je“ hören.

Wie der Fuchs entstand

In den frühen Zeiten gab es bei den Guajiro einen verschlagenen, unangenehmen Menschen, der hieß Koisit. Er verbrachte die Zeit damit, seine Mitmenschen zu betrügen. Niemand wollte etwas mit ihm zu tun haben, weil er noch dazu faul und schmutzig war.

Selbst seine Mutter konnte sein untätiges Herumsitzen nicht länger ertragen.

Sie wollte ihn aus dem Haus treiben und gab ihm deshalb nichts mehr zu essen.

Eines Tages, als sein Magen vor Hunger knurrte, sagte Koisit zu ihr: „Ich will hinausgehen und den Acker umgraben."

Die Alte freute sich über diesen löblichen Entschluß. Sie gab dem Sohn Mais zur Aussaat und richtete ihm Maisfladen, etwas Fleisch und Chicha zum Mitnehmen her.

Vergnügt machte er sich auf den Weg. Aber er dachte nicht daran, den Acker von Unkraut zu reinigen und den Boden für die Saat zu lockern. Vielmehr ging es ihm um das Essen.

Auf dem Feld angekommen, verspeiste er erst einmal die Fladen und das Fleisch, zündete dann ein Feuer an und röstete noch den Saatmais, den er ebenfalls verzehrte. Danach zog er sich in ein Gebüsch zurück und schlief ein.

Die anderen Bauern aus dem Dorf mühten sich auf ihren Äckern, damit sie während der Wintermonate keinen Hunger zu leiden brauchten. Die Mutter war ihres Alters wegen zu

Hause geblieben. Sie trällerte ein Liedchen vor sich hin, so froh war sie, daß ihr Sohn sich um die Aussaat kümmerte.

Als der Abend gekommen war, erhob sich Koisit und machte sich auf den Heimweg. Zu Hause sagte er: „Mutter, ich habe umsonst gesät. Es war zuwenig Wasser da; der Regengott hat nur einige der Felder bedacht. Unser Acker ist trocken geblieben. Die Rebhühner haben die Maiskörner gefressen. Was nun?“

„Mach dir darüber keine Sorgen, mein Sohn“, antwortete die alte Frau. „Die Nachbarn werden uns aushelfen. Wir begleichen die Schuld später mit dem, was wir durch deine Arbeit gewinnen.“

So geschah es. Am nächsten Tag sagte Koisit: „Heute will ich eine feuchte Parzelle roden, die mir mein Freund Apúachi angeboten hat.“

Die Mutter, hocherfreut über seinen Eifer, gab ihm ein Suppenhuhn, Ziegenkäse und eine Kalebasse voll Milch mit. Außerdem überreichte sie ihm noch einen Beutel Mais für die Aussaat.

Koisit machte es wie am Tag zuvor. Er blieb bis zum Abend draußen und schlief, nachdem er alles aufgegessen und ausgetrunken hatte. Nach Hause zurückgekehrt, stellte er sich verwirrt und aufgeregt.

„Was für ein Mißgeschick!“ klagte er. „Ich hatte einen heftigen Wortwechsel mit einem Fremden, der vorüberging. Wir gerieten im Zorn aneinander, und ich schlug ihn tot. Nun habe ich Angst vor der Rache seiner Verwandten. Ich habe alles stehen und liegen gelassen und bin Hals über Kopf davongelaufen. Ich fürchte, sie werden mich töten.“

Ängstlich schmiegte er sich an die Mutter, Tränen liefen ihm über das Gesicht. Die Alte glaubte ihm und sagte:

„Weine nicht! Wir werden ein anderes Stück Land finden, eines, das für uns günstiger ist.“

Tatsächlich fanden sie hoch oben zwischen zwei Bergen eine geeignete Parzelle. Der Boden war dort frei von Unkraut und Gestrüpp und die Erde so locker, daß man die Körner nur auszusäen brauchte.

„Hier regnet es auch ausreichend“, meinte die Mutter. „Du kannst morgen gleich mit dem Säen beginnen. Denk daran, ich brauche neuen Mais. Der alte geht zur Neige.“

In der Frühe bereitete sie ihm eine Pastete, gab ihm auch etwas Fleisch mit und ein paar gekochte Leguaneier. Koisit nahm alles in Empfang und machte es wie an den anderen Tagen.

Als er wieder nach Hause kam, fragte ihn die Mutter: „Nun, hast du den Acker bestellt?“

„Nein“, erklärte er ihr, „das Stück Land ist zu groß, und das Saatgut reichte nicht aus. Ich brauche mehr Mais.“

Abermals glaubte ihm die Alte. Sie lieh sich erneut Saatmais von den Nachbarn und gab ihn dem Sohn. Dazu sagte sie: „Warum nimmst du mich nicht mit aufs Feld? Zu zweit geht es doch schneller.“

Der Sohn beschwor sie, davon abzustehen.

„Die Krieger vom Stamm der Kosina sind sehr wild“, sagte er. „Sie könnten dich mit ihren Pfeilen treffen. Auch fürchte ich, daß die Berggeister dir Schaden zufügen. Sorg dich nicht! Ich bin bald fertig mit dem Säen.“

Die Mutter gab sich damit zufrieden. Aber als Koisit fort war, kamen die Nachbarn zu ihr und sprachen: „Wir haben denselben Weg wie dein Sohn; aber niemals sahen wir ihn auf dem Acker arbeiten. Wann wird die Frucht bei euch reif sein? Wann fangt ihr mit der Ernte an?“

Als die Alte das hörte, ließ sie ihre Hausarbeit liegen und ging hinaus, um das Feld zu begutachten. Bevor sie aufbrach, machte sie noch eine Mahlzeit für Koisit fertig. Sie nahm ein gebratenes Rippenstück mit, einen Maisfladen, Maisbrei mit Milch und frische Chicha. Das wollte sie ihm geben, weil er sich so hart plagen mußte!

Aber wie erschrak sie, als sie den Faulpelz mit vollem Bauch im Schatten eines Baumes schlafen sah! Zu seiner Rechten lag ein Rest von dem Saatmais, den er sich geröstet hatte.

„Ist es denn die Möglichkeit, daß du miserabler Kerl alles aufgegessen hast, was ich dir zur Aussaat gab?“ rief die Alte aufgebracht. In ihrer Wut nahm sie einen Knüppel und rückte dem Bösewicht damit zu Leibe.

Entsetzt sprang Koisit auf und brachte sich in Sicherheit. Plötzlich, obwohl ihn noch kein Schlag getroffen hatte, schrie er: „Aiii! Aiii!“ Seine gellenden Schreie brachen sich an den Bergen und kehrten als Echo wieder.

Koisit war in einen Fuchs verwandelt, in jenes Tier, das während des Tages schläft und zur Nachtzeit auf Raub auszieht, das Saatgut, Fleisch, Hühner und Maisfladen stiehlt und sich vor den Menschen fürchtet, die dem Fuchs nachstellen, weil er ein nichtsnutziger Räuber ist.

Vom Ursprung des Feuers

Am Anfang kannten die Guajiro kein Feuer. Sie aßen das Fleisch roh und lebten von Wurzeln und Feldfrüchten. Hohle Bäume oder Felshöhlen waren ihre Unterkunft. Einige der Guajiros verstanden es schon, Hütten zu bauen. Aber auch ihnen fehlte Feuer, das sie wärmen, ihre Nächte erhellen und die wilden Tiere vertreiben konnte, die ihre Behausung umschlichen.

Einzig Maleiwa, der Schöpfer vieler Dinge, besaß das Feuer. In einer Grotte hielt er glühende Steine vor dem Zugriff der Menschen verborgen.

Eines Tages nun saß er vor einem brennenden Holzstoß und wärmte sich. Da sah er einen jungen Mann auf sich zukommen, der vor Kälte zitterte. Er hieß Junúunay.

Ungehalten herrschte er ihn an: „Weißt du nicht, daß es verboten ist, sich diesem Ort zu nähern? Warum störst du meine Ruhe?“

Junúunay antwortete mit weinerlicher Stimme: „Verzeih, Verehrungswürdiger, und übe Nachsicht! Erlaube nur, daß ich die Kälte aus meinem Körper vertreibe, die mein Fleisch bis auf die Knochen erstarren läßt.“

Junúunay konnte sich sehr gut verstellen. Er klapperte mit den Zähnen, bekam eine Gänsehaut, zitterte und rieb sich die Hände. So brachte er es dahin, daß Maleiwa seine Vorsicht vergaß und von Mitleid erfüllt wurde.

Beide nahmen nebeneinander vor dem Feuer Platz und

rieben sich die Hände. Die Flammen schlugen hoch empor und färbten den Himmel wie das Morgenrot.

Junúunay begann eine Unterhaltung. Aber Maleiwa wurde durch ein Geräusch abgelenkt. Er wandte den Kopf zur Seite und lauschte. Es hörte sich an, als nähere sich jemand durch das Laub unter den Bäumen.

Diesen Augenblick der Unachtsamkeit benutzte Junúunay. Geschwind riß er zwei brennende Äste aus dem Feuer, steckte sie in seinen Beutel, der neben ihm lag, und entfloh durch das Gesträuch, das die Grotte umgab.

Erschrocken sprang Maleiwa auf und jagte dem Dieb hinterher.

„Nichtsnutz, du hast mich arglistig getäuscht!“ rief er. „Zur Strafe sollst du ein Mistkäfer werden, der im Unrat wühlt und aus Kot Pillen dreht!“

Junúunays Bewegungen wurden langsamer, seine Schritte kürzer. Auch verwandelte sich der Boden ringsum in schlüpfrigen Morast.

In seiner Not rief der junge Mann um Hilfe. Da kam ein Jäger herbei, der in der Nähe auf Wild gelauert hatte. Er hieß Kenaa. Junúunay gab ihm einen der brennenden Äste und flehte ihn an, das Feuer zu retten.

Kenaa nahm den Brand, aber wohin er sich auch wandte, der Feuerschein machte Maleiwa auf ihn aufmerksam. Da wurde er zum Leuchtkäfer, der hin und her fliegt und sein Licht mit sich trägt.

Aber auch den zweiten glimmenden Ast konnte Junúunay nicht bewahren. Eine Hummel kreuzte seinen Weg, die sprach er an.

„Liebe Hummel, Maleiwa verfolgt mich, weil ich ihm das Feuer gestohlen habe. Ich wollte es den Menschen bringen, damit sie weise und verständig werden. Nimm es mir bitte ab und trag es zu ihnen. Ich kann nicht mehr laufen; meine Beine werden immer kleiner und dünner."

Da nahm die Hummel die Glut aus seiner Hand und flog davon. Sie fürchtete aber, sie unterwegs zu verlieren, deshalb versteckte sie Teile davon in den Astgabeln der Bäume und Sträucher. Ein paarmal gelang ihr das auch. Als aber Maleiwa sie erwischte, wie sie emsig die Baumstämme entlangkletterte, verwandelte er sie in einen Baumläufer.

Es hatte sie aber auch ein Kind beobachtet, das am Waldrand spielte. Das holte seine Eltern und andere Dorfbewohner herbei und zeigte ihnen, wo die Glutteilchen verborgen waren. Da es noch nicht richtig sprechen konnte, sagte es immer nur: „Skii-skii-skii."

Die Menschen fanden die glimmenden Stellen in den Astgabeln; sie wußten aber so lange nichts damit anzufangen, bis ihnen der Baumläufer zeigte, wie man zwei Stäbchen aneinander reiben mußte, um Funken zu erzeugen. Von da an wurden die Menschen weise und verständig.

In ohnmächtigem Zorn verwandelte Maleiwa das Kind in einen kleinen Vogel, der immer „Skii-skii-skii" ruft. Die Menschen lieben ihn, weil er ihnen das Feuer gewiesen hat. Sie sind aber auch Junúunay dankbar, der in einen Mistkäfer verwandelt wurde. Auf seinen Flügeldecken liegt heute noch ein Glanz von der Glut, die er Maleiwa einst raubte.

Worterklärungen

Arara – eine Papageienart, die Rabengröße erreicht und in deren buntem Federkleid scharlachrote und himmelblaue Farbtöne überwiegen

Chicha – erfrischendes, auch berauschendes Getränk

Hängematte – von den südamerikanischen Indianern erfundene Schlafgelegenheit. Es gibt zwei Arten: 1. den Chinchorro, ein grob geknüpftes Netz; 2. die Hamaca, die aus Gewebe hergestellt wird

Kalebasse – aus der Schale des Flaschenkürbis hergestelltes Gefäß

Lagune – vom Meer abgeschnürter flacher Strandsee

Leguan – amerikanische Baumeidechse, die bis 1,5 m lang wird

Maniok – auch: Yucca; tropisches Gewächs mit Knollen, die bis zu 2 kg schwer werden können. Die Knollen werden geschält und zerrieben, der Brei mit einer Presse von dem giftigen, blausäurehaltigen Saft befreit. Die übriggebliebene Masse wird in der Sonne getrocknet und zu Fladen verbacken

Nachgeburt – Bezeichnung für den Mutterkuchen und die Eihäute, die nach der Geburt ausgestoßen werden

Rio – (span.) Fluß

Uruku – die den Indianern heilige rote Mineralfarbe. Sie wird mit Fett vermischt und in Linien oder Flächen auf die Haut aufgetragen

Yucca – siehe Maniok

Inhalt

ISBN 3-358-00284-5

2. Auflage 1987
©DER KINDERBUCHVERLAG BERLIN – DDR 1981
Die Kartenvorlage stellte Frau I. Lein zur Verfügung
Lizenz-Nr. 304-270/251/87
Gesamtherstellung: INTERDRUCK Graphischer Großbetrieb Leipzig – III/18/97
LSV 7758
Für Leser von 10 Jahren an
Bestell-Nr. 630 972 4
00720